ライバルに**差**をつけろ！ **自主練習**シリーズ

バドミントン

著 **齋藤 亘**
（ふたば未来学園中学校 バドミントン部監督）

ベースボール・マガジン社

はじめに

バドミントンは、シャトルという不安定なものを、ラケットを使って打ち合う競技です。

ショットの質を高めたり、ミスを少なくしたり、戦術を磨くには、難しい理論や高度な技能が必要です。

しかし、ジュニア期の指導者として大切なのは、「難しいことを簡単に伝える」だと考えています。あまり難しく考えず、「シンプル」が一番です。

本書では、私が指導するふたば未来学園中学校で実際にやっている練習メニューを紹介しています。基礎的なトレーニングから、ノックやパターン練習まで、親子や仲間同士、自分たちでできるメニューを取り上げました。あまり難しく考えず、誰でも挑戦できるものばかりです。「シンプル」が一番ですから。

「必ずこうやらなければならない」ではなく、「お、これいいな。やってみよう」と思うメニューがあれば、ぜひ練習に取り入れてみてください。

ジュニア期で一番大事にしたいのは、バドミントンを好きになることです。

技術の習得はもちろん大切ですが、自分から頑張ろう、強くなろうと思う心を育てること。それをベースにした指導が何より大事だと思います。ふたば未来学園中はトップをめざすチームですが、「バドミントンを楽しんで強くなろう」と練習に励んでいます。

この本を手に取ってくださった皆さんも、楽しく練習しながら強くなっていきましょう。

福島県立ふたば未来学園中学校監督
齋藤 亘

この本の使い方

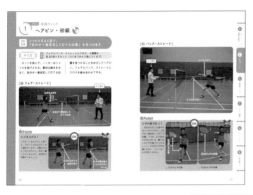

この本は、バドミントンの基礎的動作（第1章）から始まり、手投げノック（第2章）、実戦型ノック（第3章）、パターン練習（第4章）と、より試合に近い形へと進みます。それぞれ、目的、効果、やり方、ポイントなどを紹介しているので、よく読んで取り組んでください。

第5章では、ふたば未来学園中学校で実際にやっているトレーニングを紹介。全国トップレベルの中学生選手がクリアする数値を、「目標値」として掲載しています。少しでも近づけるようにチャレンジしましょう。

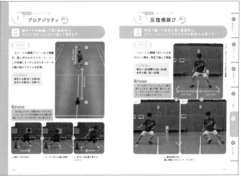

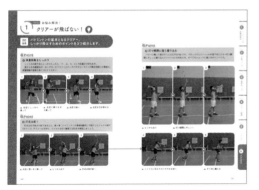

第6章は、ジュニア選手が苦手とすることが多い5つの課題を、著者の齋藤亘先生が解決します。ぜひ、参考にしてください。

アイコンの使い方

 手投げノック　　 実戦型ノック

 パターン練習　　 トレーニング　　 お悩み解決！

もくじ

#第1章

バドミントンの基礎的動作

10メニュー

　練習で必ずやる「基礎打ち」は、海外では当たり前ではないそうです。日本人特有の繊細さ、確実さを生み出している基礎打ち。各ストロークをさらに質の高いものにするために、原点となる基礎的動作を見直します。

① シャトル投げ

| 目的 効果 | **きれいなフォームを作る！** |

　オーバーヘッドストロークのフォームを固めるため、まずは手でシャトルを投げます。しっかり腕を振って、なるべく遠くへ。うまく距離が出ない人はシャトルを2個重ねて、「遠くへ飛ばす」感覚をつかんでください。

【❶ ピッチャー投げ】

▲ 肩を回してテークバック　　　　　　　　▲ ヒジを上げる

【❷ キャッチャー投げ】

▲ 一瞬で胸を開く　　　　　　　　▲ ヒジを上げる

● ピッチャー投げ

遠くまでしっかり打ちたいとき
→ハイクリアー、フルスマッシュなど

● キャッチャー投げ

素早くコンパクトに打ちたいとき
→飛びついてのスマッシュ、ドリブンクリアーなど

💡Point

❶ピッチャー投げは、肩全体を使って大きくテークバックを取って投げます。❷キャッチャー投げは、一瞬でパッと胸を開いて弓を引くような形に。素早く飛びついて打つときに使う動作です。どちらも「ヒジを上げる」を意識します。

PART
1
バドミントンの
基礎的動作

PART
2
手投げノック

PART
3
実戦型ノック

PART
4
パターン練習

PART
5
トレーニング

PART
6
お悩み解決！

【❸ アンダーハンド・フォア】

1

目標

2

3

ネットから浮かないように！

ヒジを上げる

【❹ アンダーハンド・バック】

PART
1
バドミントンの
基礎的動作

PART
2
手投げノック

PART
3
実戦型ノック

PART
4
パターン練習

PART
5
トレーニング

PART
6
お悩み解決！

Point

> バックからも投げられるように
> 練習しましょう。ヒジを上げたフ
> ォーム固めを意識してください。

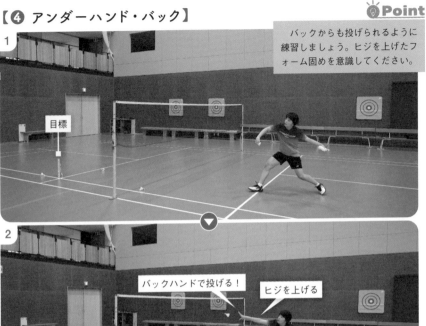

1

目標

2

バックハンドで投げる！

ヒジを上げる

Point

シャトルは体の中心から離れない位置で、ヒザの位置からシャトルを押し出すように投げます。
体から遠いと、コントロールするのが難しくなってしまうので NG です。

OK
ヒザの位置か
らシャトルを
押し出すように
体の中心

NG
体から
遠い

2 シャトル投げ・スピン

チャンスを作るヘアピンを打つ！

　ヘアピンが上達するためにはイメージ作りが大事です。「自分側にシャトルの山の頂点がくる」という理想の軌道をめざして、手でスピン（縦回転）をかけてみましょう。まずは、手投げからです。

【❶ スピンをかけて投げる】

拡大　親指　中指

1

2

シャトルの山の
頂点が自分側

はじく

2

拡大　中指

1

💡Point

　スピンのかけ方はいろいろあります。一例として、中指ではじく方法があります。

【❷ スピンヘアピンをロブで返す】

投げ手
▶ シャトルの山の頂点が自分側になるように投げる

1

PART
1
バドミントンの基礎的動作

PART
2
手投げノック

PART
3
実戦型ノック

PART
4
パターン練習

PART
5
トレーニング

PART
6
お悩み解決！

ロブ側
◀ 体の中心でとらえて

2

ロブ側
◀ コルクが降りてきたら打ち上げる！

3

💡Point

　スピンヘアピンを返すコツは、シャトルのコルクが下を向いて降りてくるのをよく見ること。スピンに負けないように思いきって打ち上げます。グーンと大きく振り抜くより、体の中心でパン！　と強く一瞬で振りましょう。

3 シャトルすくい

ネット前の基礎を作る！

床に置いたシャトルをすくい上げるには、ヒジの回内／回外動作が必要です。常にフォームを意識しまし ょう。うまくできない人はクッションの上でやると、すくい上げる感覚がつかめます。

【❶ フォア】

【❷ バック】

【❸ シャトル2個すくい】

PART
1
バドミントンの基礎的動作

PART
2
手投げノック

PART
3
実戦型ノック

PART
4
パターン練習

PART
5
トレーニング

PART
6
お悩み解決！

シャトル2個

▶▼ コルクの位置を合わせて、柔らかく包み込むように、すくい上げる

💡Point

　フォアもバックもヒジから動くことを意識します。ラケットが自分の手のつもりで、フォアは手のひらで優しく包み込むように、バックは手の甲に乗せるイメージで。シャトルを優しく柔らかくすくい上げましょう。

4

シャトルキャッチ

目的 効果 ネット前の基礎を作る！

　シャトルすくいの応用編。空中から落ちてくるシャトルを、ラケットでキャッチします。ヒジを支点とした動きの中で、ラケットとシャトルの動きを合わせましょう。慣れてきたら、足も使います。

【❶ 自分で打ち上げてフォアでキャッチ】

【❷ 自分で打ち上げてバックでキャッチ】

【❸ 相手が打ったシャトルをキャッチ（フォアとバック）】

PART **1** バドミントンの基礎的動作

PART **2** 手投げノック

PART **3** 実戦型ノック

PART **4** パターン練習

PART **5** トレーニング

PART **6** お悩み解決！

シャトル

💡Point

最初は足を止めて、慣れてきたら足を使います。ロビングをイメージしながら、体の中心、ヒザの延長線上でキャッチ。自分が一番コントロールしやすい位置を、体で覚えましょう。シャトルのスピードを調節することも意識してください。

1　フォア

バック　1

体の中心でキャッチ！

2

2

5 直上打ち上げ

目的・効果 安定したロビングを打つ！

　できるだけ「高く」「真上に」をめざしてシャトルを打ち上げます。シャトルからあまり離れず、自分が安定する位置でとらえること。左右にぶれないように、振り抜きまで意識してください。

バック
真上に
1　2

フォア
真上に
1　2

💡Point

　一瞬で「パン！」と打って、ラケットを真上に振り上げてシャトルを差しましょう。ラケットが体の前を横切ったり、体から離れていくと真上に飛びません。

OK

▲ 真上のシャトルを差す

NG

▲ 斜めに振る

バドミントンの基礎的動作

6 シャトルリフティング

| 目的効果 | **勝負のスピンヘアピンが打てるようになる！** |

軽く足を動かしていいので、シャトルを真上にしっかりコントロール。

自分が一番安定してヘアピンを打てる位置を探しながら打ち上げます。

【❶ 頭の高さ】

【❷ できるだけ小さく】

💡Point

打点が体に近すぎると打ちづらいので、ヒジを体から少し離して余裕を持たせます。❷のできるだけ小さくは、チョンチョン細かく打ってください。

【❸ スピンをかける】

💡Point

ラケットを少し斜めに入れて角度をつけたところから、思いきってスピン（縦回転）をかけます。できるだけ真上にいくようにコントロールしてください。

7 ワイパープッシュ

| 目的 効果 | 鋭いプッシュが打てるようになる！ |

　シャトルをはらう感覚で打つワイパープッシュ。難しい技術のショットですが、「ジュニアはできなくていい」という技術はありません。フォアでもバックでも打てるようにチャレンジしましょう。

【❶ フォア（ネットにシャトルを挟んだ状態から練習）】

正面から

1 ラケットを立てて　　2 横から振ってシャトルに当てて　　3 当たったらパッと戻す

横から

⚡Point

❸ 動きを入れてワイパープッシュ

ノッカー

　プッシュを打つ人は、必ずラケットを立ててネット前に入ること。ノッカーはネットすれすれに投げて、普通のプッシュ練習にならないように。❶❷❸とも1セット20球を基準にして、体に覚え込ませましょう。

「ゴールデンエイジ」は技能習得にチャレンジ！

　小・中学生の時期は、技能習得の最高のチャンス「ゴールデンエイジ」です。発達段階から見ても、この年代は体格や筋力が未完成。パワーやスピードを高める練習より、巧緻性や神経系の技術を高める練習をしたいものです。この時期に身につけた技能は、大人になっても忘れません。逆に、大人になってから身につかないこともあります。

　バドミントンにおいて、「小・中学生には難しいから、大きくなってから練習しよう」という技術はそうありません。ゴールデンエイジと言われる時期に、どんどんチャレンジしましょう。

🔋Point

　ラケットを立てた状態から横に振りますが、大きなスイングはNG。「横に払う」というより「一瞬で押して戻す」が、ネットタッチせず確実に決めるコツです。最初はネットにふれてもOK。数を重ねて感覚をつかみましょう。

PART
1
バドミントンの基礎的動作

PART
2
手投げノック

PART
3
実戦型ノック

PART
4
パターン練習

PART
5
トレーニング

PART
6
お悩み解決！

【❷ バック（ネットにシャトルを挟んだ状態から練習）】

正面から

3 当たったらパッと戻す　　2 横から振ってシャトルに当てて　　1 ラケットを立てて

横から

8 壁打ち

目的 効果 懐の深いレシーブができるようになる！

コンクリートの壁や専用ボードを使ってやる「壁打ち」は、レシーブ練習として最適です。強く速く打つより、正しいフォームで正確にくり返すこと。連続100回をめざして打ち続けてください。

💡Point

ラケットを振るスペースを作る

　構えたときは、体の前にラケットを振るスペースを作ること。この体勢からヒジを支点にしたコンパクトなスイングで、しなやかに振ります。

💡Point

ヒジ→手首→ラケットの順でムチのようにしならせる

　構えが決まったら「ヒジ→手首→ラケット」の順に、ムチをしならせるようにスイング。打った後まで「しなり」を意識します。シャトルがラケットに当たった後の感覚を大切にしてください。

Point

利き手側のシャトルに対しては、利き足を引いてスペースを作る

　取りづらい利き手側のシャトルには、足を使うのがポイント。体と重心の位置はそのまま、利き足だけスッと下げて、体の前にスペースを作ります。体ごと下がってしまうのは NG です。

1

2

← 利き足を下げる

手首が出て

2

最後にラケット

3

PART **1** バドミントンの基礎的動作

PART **2** 手投げノック

PART **3** 実戦型ノック

PART **4** パターン練習

PART **5** トレーニング

PART **6** お悩み解決！

9

連続ドライブ

目的 効果 浮かないドライブが打てるようになる！

ドライブは、攻めだけでなく守りの要素もあるショットです。また、ネットから浮かさずに打つことで、守りから攻撃に転じることができます。ドライブの幅を広げることを意識しましょう。

【① ネットを挟まないドライブ】

🔦Point

サイドラインに立って、コートの横幅でドライブを打ち合います。打点は胸の前から下あたりでいいですが、必ず体の前でとらえること。全力でリズミカルに！

コートの横幅

🔦Point

ドライブは 手の指を使って打つ！

構えているときは、親指と人差し指とグリップの間にすき間があるぐらい、ゆるく優しく握ります。自在なラケットワークのためにも、この「すき間」が欲しいのです。

リラックスした状態から、打つ瞬間にギュッと握り込んで、シャトルにパワーを伝えます。

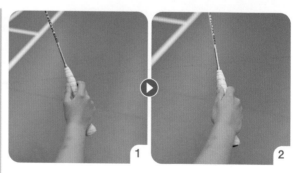

▲ 親指と人差し指とグリップの間にすき間があるぐらい、ゆるく優しく握る

▲ 打つ瞬間、親指をグリップの広い面に当ててギュッと握り込む！

【❷ ショートドライブ】

ショートサービスライン

自分で見える位置

PART
1
バドミントンの
基礎的動作

PART
2
手投げノック

PART
3
実戦型ノック

PART
4
パターン練習

PART
5
トレーニング

PART
6
お悩み解決！

🔆Point

　ショートサービスライン上に立って打ち合うショートドライブは、シャトルの不安定さを意識することが大事。空中でクルッと回るのをよく見て、「どう当てたらどう回転するか」「どう打てば浮かないか」を試しながら打ち合ってください。ネットの上で回転させるように打てば、コルクが相手に向かった状態で飛んでいきます。差し込まれないように、自分の目で見える位置で打ちましょう。

ココに注意！

1 シャトルが浮かないように打つ
2 自分の目で見える位置でとらえる
3 シャトルをよく見て、ネットの上でクルッと回るようにコントロールする

|目標値|

目安１：回数の例…連続 100 回、連続 500 回
➡ まずは正確に、続けることから！

目安２：時間の例…連続して１分間、500 回を何分で打てるか
➡ 正確さに、速さを加える！

　正確さから、正確さ＆速さへ。シャトルが浮いてしまうと時間のロスになるので、目標値をめざすことで「浮かないドライブ」を意識するようになります。
　打ち合う２人のレベルは、合わせなくていいと思います。実力差があっても、それぞれ練習になるからです。ふたば未来学園中では、基礎打ちのペアは特に決めていません。

10 ジャンピング連続素振り

目的 効果 鋭く沈むスマッシュが打てるようになる！

ラリー中は、いつもいい状態で打てるわけではありません。不利な体勢になったときの重心の取り方と身のこなしを、ジャンプしながらの連続素振りで身につけましょう。

【❶ 両足でジャンプ】

|目標値| 1セット連続5回から始めて、連続10回を目標に

素振り

真上にジャンプ

1

2

3

すぐ次のジャンプへ！

▲ リラックスした状態から、両足で踏み切る

▲ 体がぶれないように真上にジャンプ！ 空中で体を安定させることを意識する

▲ ジャンプの頂点で素振り！最後まで体がぶれないように真下に着地

【❷ 右足でジャンプ】

1

右足

2

素振り

真上にジャンプ

◀ フォアで飛びつく
場面を意識！

PART
1
バドミントンの
基礎的動作

PART
2
手投げノック

PART
3
実戦型ノック

PART
4
パターン練習

PART
5
トレーニング

PART
6
お悩み解決！

|目標値|
左右とも1セット連続5回から
始めて、連続10回を目標に

Point

　実際にやってみるとわかります
が、右足ジャンプと左足ジャンプで
は、重心の位置がまったく違います。
どちらでも空中でバランスが取れる
ように、練習しておきましょう。

【❸ 左足でジャンプ】

1

左足

2

素振り

真上にジャンプ

◀ ラウンドで飛びつく
場面を意識！

「心技体＋生活」
All for Badminton

スポーツで勝つためには、「心技体を鍛えることが大事」と言われます。しかし、実際は「心技体」に加えて、「生活」が大事。心技体のすべてを支える土台である生活がいい加減だと、持っている力を試合本番で発揮できず、負けてしまいます。これは、オリンピックをめざすトップアスリートにも言えることです。

アスリートとして体を鍛えるためには、練習以外の食事や睡眠、休養が大切ということは、広く知られてきました。ところが、夜遅くまでテレビや動画を見ていたり、友達とメールしていたりして、朝すぐに起きられなかったというジュニア選手がいます。また、中学・高校生にありがちなのが、「宿題を忘れて放課後に残されて、練習に参加できなかった」「友達関係がうまくいかなくて練習に集中できなかった」

…、そんな状態でチャンピオンをめざすなんて、論外ですよね！

食事や睡眠、学校の勉強や友達関係など、すべてが競技につながっています。バドミントンでチャンピオンをめざすのであれば、日常生活からチャンピオンにふさわしい姿であること。ふたば未来学園中に入学した生徒には、まず最初に、「あいさつや返事をしっかりする」「履き物をそろえる」「掃除をする」という３つを伝えます。こうしたことを毎日続けて自然にできるようになるのが、生活を鍛えるということなのです。

「これをやったから勝つ！」「これをやればチャンピオンになれる！」なんてものはありません。生活の中のすべてのことが競技につながっている。まさに、「All for Badminton」です。

▲ コート外での態度はそのままプレーに出る。バドミントンでチャンピオンをめざすのであれば、日常生活からチャンピオンであること。心技体を支える土台が生活だ

#第2章

手投げノック

13メニュー

　手投げノックは、バドミントン経験のない保護者の方でもノッカーになることができます。手軽にできるけれど、トップ選手も取り組む内容の濃い練習。ショットや動きの「型」を作ることが、主な目的です。

MENU 手投げノック

ヘアピン・初級

| 目的 効果 | シャトルをよく見て、「自分が一番安定して打てる位置」を見つけます。 |

(((やり方)))

| 目安 | フォアとバック、ストレートとクロス、4種類を 各20球×5セット（コツをつかんで身につくまで） |

　ネットを挟んで、ノッカーはシャトルを投げ入れる。最初は動きを少なく、自分が一番安定して打てる位置を見つけることをめざしてヘアピン。フォアとバック、ストレートとクロスを組み合わせてやる。

【① フォア・ストレート】

ノッカー

ヒジを上げる

自分が一番安定して
打てる位置

🔦 Point

ヒジを上げる！

「ラケットを上げて」と言うと、ラケットだけ上げてしまう選手がいます。大事なのはヒジを上げること。体から離してヒジを上げて、余裕ある状態にしましょう。

OK NG

ヒジが上がって
余裕がある

ヒジが体の近く
（ヒジが下がっている）

【❷ バック・ストレート】

ノッカー

ヒジを上げる

ヒザの前で打つ

PART 1 バドミントンの基礎的動作

PART 2 手投げノック

PART 3 実戦型ノック

PART 4 パターン練習

PART 5 トレーニング

PART 6 お悩み解決！

💡Point

ヒザの前で打つ！

打点は必ずしも高ければいいわけではなく、「自分が一番安定して打てる位置」でOK。より安定させるためには、踏み出したヒザの前でとらえましょう。打点がヒザの外側になると、コントロールが安定しません。

OK NG

打点がヒザの前

打点がヒザの外側

▲ 打点がヒザの前 ▲ 打点がヒザの外側

【❸ フォア・クロス】

1　ノッカー

◀ ストレートと同じように入って…

2

◀ 打つ瞬間にラケット面をクロス方向へ！

3　シャトル

クロスへ

💡Point

「ヒジを上げる」「ヒザの前で打つ」といったポイントはストレートと同じ。
ストレートと同じ入り方で、打つ瞬間にラケット面を動かします。

PART **1** バドミントンの基礎的動作

PART **2** 手投げノック

PART **3** 実戦型ノック

PART **4** パターン練習

PART **5** トレーニング

PART **6** お悩み解決！

💡Point

クロスネットの練習法

クロスネットがうまく打てない人は、いきなりコートの端をねらうのではなく、まず「真ん中よりクロス側」をめざしましょう。ネットの中央にシャトルを立てて、「あそこよりクロス側を通す」と目標にします。

ネットの中央にシャトル

【❹ バック・クロス】

ノッカー

◀ ストレートと同じように入って…

1

◀ 打つ瞬間にラケット面をクロス方向へ！

2

2 MENU 手投げノック

ヘアピン・発展

目的 効果 動きの中でヘアピンが打てるように、フットワークと組み合わせます。

(((やり方)))

目安 6地点から10球ずつ

コート内の6地点（フォアの前、横、後ろ、バックの前、横、後ろ）で、素振りまたはラインにタッチ→センターを通ってネット前でヘアピン。「ヒジを上げる」「ヒザの前で打つ」といったポイントを忘れないこと。

素 の地点で素振り（またはラインタッチ）後、必ずセンターに戻って、フォア前、バック前でヘアピン

⚙Point

写真ではバック横からネット前への例を紹介していますが、「横に行く動作」から「前に行く動作」へと、つなぎ合わせる動作が必要です。流れでダラダラ走り抜けるのはNG。センターで、素早く足を踏み替える動作を身につけましょう。

【例】 バック横でラインにタッチ→フォア前でヘアピン

ノッカー

サイドラインに
タッチして…

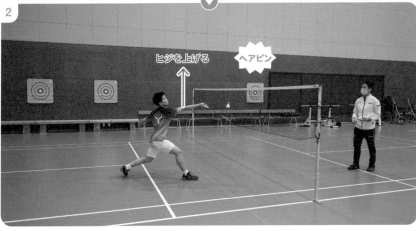

ヒジを上げる

ヘアピン

フォア前だ

踏み替えて…

どこに返ってくるかな…

PART **1** バドミントンの基礎的動作

PART **2** 手投げノック

PART **3** 実戦型ノック

PART **4** パターン練習

PART **5** トレーニング

PART **6** お悩み解決!

3 ロビング・初級

| 目的効果 | ネット前からコート奥に、高さとコースを意識してロビングを打ちましょう。 |

やり方

| 目安 | フォアとバック、ストレートとクロス、4種類を各20球×5セット（コツをつかんで身につくまで） |

　ネットを挟んで、ノッカーはシャトルを投げ入れる。最初は動きを少なく、ヘアピンと同じ位置でとらえることをめざす。フォアとバック、ストレートとクロスを組み合わせてロビングを打ち分ける。

【❶ フォア・ストレート】

ストレートへ

Point

「ヒジを上げる」「ヒザの前で打つ」「自分が一番安定して打てる位置を見つける」といったポイント、すべてヘアピンと同じです。ヘアピンと同じ入り方、同じ打点で、打つ瞬間まで相手にわからないように。「ヘアピンもロビングも打てるし、ストレートにもクロスにも打てる」をめざしてください。

【❷ フォア・クロス】

1

ノッカー

2

クロスへ

▲ ヘアピンと同じ入り方から…

【❸ バック・ストレート】

1 小さくテークバック

2 ストレートへ

【❹ バック・クロス】

クロスへ

🔆Point

目標物を「越える」！

　ノックでは、ねらう位置に目標物を置くことがあります。ロビングの場合は、コート四隅など「点」をねらうより、「目標物を越える」のほうが、高さも距離も意識しやすいものです。試してみてください。

目標となる筒

越えればOK!!

PART
1
バドミントンの基礎的動作

PART
2
手投げノック

PART
3
実戦型ノック

PART
4
パターン練習

PART
5
トレーニング

PART
6
お悩み解決！

4 ロビング・発展

やり方

| 目安 | 6地点から10球ずつ |

コート内の6地点（フォアの前、横、後ろ、バックの前、横、後ろ）で、素振りまたはラインにタッチ→センターを通って、ネット前からロビング。「ヒジを上げる」「ヒザの前で打つ」といったポイントはヘアピンと同じ。ネット前まで同じフォームで入って、打つ直前まで相手にわからないようにする。

素 の地点で素振り（またはラインタッチ）後、必ずセンターに戻って、フォア前、バック前からロビング（ロブ）

ロブ　　ロブ

素　　素

素　　素

▲ センターポジション

素　　素

💡Point

最後の1歩は「止まるための1歩」

ロビングもヘアピンも、ネット前の最後の1歩がとても大事。それは素早く動いてきたスピードをゼロにする、「止まるための1歩」です。スピードに乗ったまま突っ込んで崩れてしまうと、ショットが安定しません。

▲ 最後の1歩はスピードをゆるめるためのもの

【例】 フォア奥で素振り→フォア前からロビング

1

ノッカー

◀ フォア奥で素振りして…

2

▶ センター付近での足の切り替えが重要！

3

▶ フォア前でロビング！

3

▲ 踏み込みは軽く、柔らかく

4

▲ 戻りは左足を軽く引きつけるとスムーズ

PART 1 バドミントンの基礎的動作

PART 2 手投げノック

PART 3 実戦型ノック

PART 4 パターン練習

PART 5 トレーニング

PART 6 お悩み解決！

5 MENU 手投げノック
プッシュ・初級

| 目的
効果 | ネット前の大事なショット。
ヒジを上げてコンパクトに振って、確実に沈めます。 |

(((やり方)))

 目安 1セット20球

　ネットを挟んで、ノッカーはシャトルを投げ入れてプッシュを打たせる。まずはストレートに、真っすぐ打てることから。慣れてきたら左右に動いて、フォアとバックで交互にプッシュを打つ。

【❶ フォア】

▲ ヒジを上げて入って…

▲ ラケットを上から落とすように…

▲ ラケットを振りきらずに戻す

プッシュ

40

フォア

バック

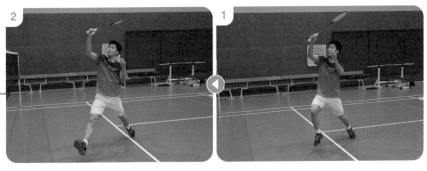

Point

ヒジを上げてネット前に入ったら、上からラケットを落とすようにコンパクトにスイング！ 大きく振りきると球筋が伸びてしまうので、小さく振って鋭く沈めましょう。

プッシュ

▲ ラケットを振りきらずに戻す

【❷ バック】

▲ ラケットを上から落とすように…

▲ ヒジを上げて入って…

PART
1
バドミントンの基礎的動作

PART
2
手投げノック

PART
3
実戦型ノック

PART
4
パターン練習

PART
5
トレーニング

PART
6
お悩み解決！

MENU

6 手投げノック
プッシュ・発展
（連続プッシュ）

> **目的効果** 1本目で仕掛けて2本目で決める連続プッシュ。「打ったあと」が大事です。

(((**やり方**))) **目安** 1セット20球（身につくまで5〜10セット）

同じサイドで2球連続プッシュ。バック側は、1球目＝バックプッシュ→2球目＝ラウンド。「ストレートに押し込んでチャンスを作る→決める」という設定なので、ノッカーは2球目を上投げでドライブ気味に出す。

【❶ フォア→フォア】

▲ ラケットを戻す　　▲ ヒジを上げたまま

▲ テークバックして…

42

PART
1
バドミントンの基礎的動作

PART
2
手投げノック

PART
3
実戦型ノック

PART
4
パターン練習

PART
5
トレーニング

PART
6
お悩み解決！

💡Point

　1球目をストレートに押し込んで、返球範囲を「ストレートからセンター」に限定。素早く構えて2球目を決める。ダブルスの前衛でよくあるパターンです。
　フォア側は1球目のスイングを戻す動きを、2球目のテークバックにつなげます。バック側はバックプッシュのあと、素早く足を踏み替えて体の向きを変え、ラウンドで確実に決めてください。

▲ テークバックして…

【❷ バック→ラウンド】

▲ ネットに正対　　　▲ 足を踏み替えて

MENU 手投げノック

7 飛びつきスマッシュ・初級

> **目的効果** 浅い位置に上がったシャトルに飛びついてスマッシュ！
> まずは型作りからです。

やり方 **目安** 1セット＝フォア10本、ラウンド10本

ネットを挟んで、ノッカーは上投げでシャトルを出す。練習者はセンター付近に立ち、サイドに飛びついてストレートスマッシュ！

【❶ フォア】

▲ 一瞬でヒジを上げて

▲ 胸を張りながらジャンプ！

▲ ヒジを切り返して

【❷ ラウンド】

ノッカー

▲ 一瞬でヒジを上げて

▲ 胸を張りながらジャンプ！

PART **1** バドミントンの基礎的動作

PART **2** 手投げノック

PART **3** 実戦型ノック

PART **4** パターン練習

PART **5** トレーニング

PART **6** お悩み解決！

⚡Point

　一瞬のチャンスを逃さないように、すぐヒジを上げること。8ページで紹介した「キャッチャー投げ」の動作で、一瞬で弓を引くように胸を張ります。ラケットを大きく振るとシャトルの軌道が伸びてしまうので、振りきらないように。小さく鋭く振って、沈めることをめざします。ラウンドは「肩を引く」がコツです。

▲ コンパクトに振って　　▲ すぐ次へ！

▲ ヒジを切り返して　　　　　　　　　　▲ 振りきらず戻して　　▲ すぐ次へ！

8 飛びつきスマッシュ・発展

（飛びつきスマッシュ→プッシュ）

目的 効果　スマッシュ後、素早くネット前に出てプッシュ！着地にポイントありです。

(((やり方)))

目安　1セット＝フォア側10本、バック側（ラウンドでスマッシュ→バックでプッシュ）10本。「スマッシュ→プッシュ」は1回ずつ区切ってやってOK

　ネットを挟んで、ノッカーは上投げ→下投げでシャトルを出す。練習者はショートサービスラインの少し後ろに立ち、飛びついてストレートスマッシュ→ネット前でストレートプッシュ。

【❶ フォアの飛びつきスマッシュ→フォアでプッシュ】

💡Point

着地は「コート内側の足→外側の足」で！

　着地にはいろいろなパターンがあります。次への移動を考えると、「コート内側の足→外側の足」で蹴り出すのがおすすめです。右利きの場合、「左足→右足」で力強く前に出ましょう。

PART **1** バドミントンの基礎的動作

PART **2** 手投げノック

PART **3** 実戦型ノック

PART **4** パターン練習

PART **5** トレーニング

PART **6** お悩み解決！

🔅 Point

飛びつきスマッシュから前へ、という型作りが目的です。ノックで「スマッシュ→着地→すぐ次へ！」という動作の流れをつかみます。ラケットを大きく振ると、すぐ次の動作に移れません。小さく鋭く振ることを心がけてください。

【❷ ラウンドの飛びつきスマッシュ→バックでプッシュ】

発展

飛びつきスマッシュ→ワイパープッシュ

ネットにシャトルを立てて、ネット前をワイパープッシュにしてみましょう。プッシュで決める練習なので、1回ずつ、落ち着いて確実に決めてください。

▲ 飛びつきスマッシュ　　▲ ワイパープッシュ

9 連続スマッシュ

目的 効果 パワーの違うスマッシュを打ち分けながら、しっかりコントロールしましょう。

やり方

目安 1セット＝フォアとラウンドを交互に10本ずつ（連続20本）

ノッカーが左右交互に投げるシャトルをストレートにスマッシュ。パワー100パーセント、80パーセント、60パーセント…、と自分で意識して打ち分ける。打ったあとは必ずセンターに戻ること。

【ラウンド】

▲ パワー100パーセント／80パーセント／60パーセント…
意識して打ち分けながら、サイドライン際にコントロールしてスマッシュ

Point

ハーフスマッシュは、体の前でコンパクトにスイング！

スマッシュは大きく振れば強く伸びて、小さく振れば短く沈む。ハーフスマッシュは、フルスマッシュより鋭く手前に沈みます。打ち方のポイントは…、
① 打点を体の前にする
② ラケットを振りきらずコンパクトにスイング
男子選手はジャンプして打つと、より角度が出て効果的です。

PART
1
バドミントンの
基礎的動作

PART
2
手投げノック

PART
3
実戦型ノック

PART
4
パターン練習

PART
5
トレーニング

PART
6
お悩み解決！

Point

左右に動きながらの連続スマッシュ。力加減を変えて打ち分けながら、サイドライン際にしっかりコントロールしてください。打ち終わったらセンターに戻り、力強く蹴り出して逆サイドへ。切り替える動作も大事です。

【フォア】

▲ パワー100パーセント／80パーセント／60パーセント…
意識して打ち分けながら、サイドライン際にコントロールしてスマッシュ

Point

フルスマッシュとハーフスマッシュは別物！

スマッシュは常に全力で打つショットではありません。レベルが上がれば、100パーセント、80パーセント、60パーセントと、少なくとも3種類ぐらいの力加減で打ち分けています。力を抑えたハーフスマッシュは、フルスマッシュとはまったく違うショットと考えるべき。ノックでのコントロール練習は、フルスマッシュの練習、ハーフスマッシュの練習と分けてやりましょう。

10 前衛連続

| 目的
効果 | 左右に素早く動いて連続プッシュ！
ダブルスの前衛として大事なプレーです。 |

やり方

| 目安 | 1セット20本 |

　ノッカーはネット前のフォア側とバック側、交互にシャトルを出す。ドライブレシーブを想定して上投げで。練習者は左右に素早く移動して連続プッシュ。バック側は足を運んでラウンドで打つこと。

【フォア側】

ノッカー

▲ 「反復横跳び」の動きから確実にプッシュ！

フォア

▲ コンパクトに振ってプッシュ！　　　　　▲ 両足で蹴ってフォア側へ

PART **1** バドミントンの基礎的動作

PART **2** 手投げノック

PART **3** 実戦型ノック

PART **4** パターン練習

PART **5** トレーニング

PART **6** お悩み解決！

💡Point

左右の移動は「反復横跳び」で！

　前衛が左右に動くフットワークの基本は、両足同時に蹴る反復横跳び。頭と目線を一定の高さにしてシャトルをとらえて、素早く横に移動して確実に決めましょう。

【バック側】

ノッカー

ラウンドで！

▲ 「反復横跳び」からラウンドでプッシュ！

バック（ラウンド）

1

2

▲ 両足で蹴ってバック側へ　　　　　　　　▲ ラウンドでプッシュ

11 サイドレシーブ

目的 効果 サイドのスマッシュレシーブは、
スタートの切り方をいくつか覚えておきます。

(((やり方)))

目安 フォアとバック片側ずつ、各10本

　ノッカーはネットを挟んで上投げ。
スマッシュの軌道でサイドに投げら
れたシャトルを、練習者は足を運ん
でレシーブする。

　応用として、「両足ジャンプから
サイドレシーブ」「タッピングから
サイドレシーブ」もやる（54ペー
ジ参照）。

【❶ フォア側】

1 ◀ 右足から出して

2 ◀ カカトから着地

打ったらすぐ戻る動作へ

4

3 ◀ 右足にしっかり乗ってレシーブ。左手でバランスを取る

52

【❷ バック側・右足を出す】

◀ 左足に乗って

◀ 右足を出して
カカトから着地

打ったらすぐ戻る動作へ

◀ 右足にしっかり乗って
レシーブ。左手でバランス
を取る

Point

**スムーズな移動とスタートの
バリエーションを増やす**

　サイドのスマッシュレシー
ブは、相手からの最も速いシ
ョットに対応する技術です。
シャトルの方向へのスムーズ
な移動と、状況に応じたスタ
ートの切り方（54ページ参照）
を練習しておきましょう。

【❸ バック側・左足を出す（近い距離の場合）】

▲ 右足に乗って　　　　　▲ 左足を出してレシーブ　　　　　▲ 素早く戻る

PART
1
バドミントンの
基礎的動作

PART
2
手投げノック

PART
3
実戦型ノック

PART
4
パターン練習

PART
5
トレーニング

PART
6
お悩み解決！

【❶ 両足ジャンプからサイドレシーブ】

◀ 両足で軽くジャンプ

フォア ◀ 両足で着地して素早くフォアへ

バック ▶ 両足で着地して素早くバックへ

【❷ タッピングからサイドレシーブ】

※タッピング＝
両足交互に細かく
足踏みする動き

▶ 右足に乗る

◀ 左足に乗る

▲ その場で小刻みに足踏み

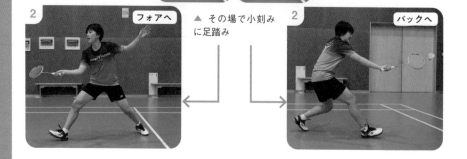

フォアへ

バックへ

【❸ 体勢が整わないとき】

💡Point

足を運べないときはラケットを出す！

レベルが上がれば上がるほど、十分な体勢でレシーブができない場面は増えます。足を運ぶのがベストですが、ラケットから出してシャトルに追いつくプレーも、時には必要です。

ノッカー
（下投げ
で低く）

▲ ノッカーは低い位置から下投げ。
ギリギリのシャトルに対して、まずラケットを出す！

▲ 足は追いつけていないが、
ラケット面を合わせてレシーブ！

▲ すぐに立ち上がって次のプレーへ！

PART
1
バドミントンの
基礎的動作

PART
2
手投げノック

PART
3
実戦型ノック

PART
4
パターン練習

PART
5
トレーニング

PART
6
お悩み解決！

12 フロントコート・フリー

目的 効果 コート前面のシャトルを拾い続けます。
手投げノックの集大成その1です。

やり方　**目安** 1セット20本

ノッカーは練習者と同じエンドに入り、ネット前からフォア前、バック前、フォア横、バック横、4カ所ランダムに速いテンポで投げる（フォーム作りが目的の場合は、ゆっくり投げる）。

練習者はディフェンスの意識でしっかり返球。コースはフリー。

Point

追いつく速さと戻る速さを意識！

腰を落とした低い姿勢で動き続ける、とてもキツいディフェンス練習です。真ん中から前→真ん中に戻って前…、のくり返し。テンポが速いので、シャトルに追いつく速さに、戻る速さも意識してください。真ん中で構えたとき、利き手側の足を軽く前に出しておくと、スムーズにスタートできます。

利き手（＝右）側の足を軽く前に出して素早くスタート！

【フォア前】

1 しっかり追いついて

2 すぐ戻って次へ！

【バック前】

1 しっかり追いついて

2 すぐに体を切り返して次へ！

PART
1
バドミントンの基礎的動作

PART
2
手投げノック

PART
3
実戦型ノック

PART
4
パターン練習

PART
5
トレーニング

PART
6
お悩み解決！

MENU 手投げノック

13 リアコート・フリー

| 目的
効果 | コート後ろ側のシャトルを返し続けます。
手投げノックの集大成その2です。 |

やり方

目安 1 セット 20 本

ノッカーは練習者と同じエンドに入り、センターからフォア横、バック横、フォア奥、バック奥、4カ所ランダムに速いテンポで投げる（フォーム作りが目的の場合は、ゆっく

り投げる）。

練習者は、サイドはレシーブかドライブ、奥からはスマッシュ、ドロップ・カットでしっかり返球。コースはフリー。

💡 Point

「守備→攻撃」のパターンは低く入って、打つ瞬間に腰を上げる

コート後ろ側（リアコート）でのフリーは、守備と攻撃をつなぐフットワークを意識。「サイドレシーブ→スマッシュ」「スマッシュ→ドライブリターンに対応」など、実際の試合を想定してください。

レシーブの低い姿勢から攻撃にいくときは、いきなり腰を上げないこと。打点に入るまでは、シャトルに追いつくことが最優先。低い姿勢のまま移動して、打つ瞬間に腰を高く持っていきます。

パターン ❶

🔼 低いレシーブから　　🔼 低い姿勢を保って打点に入って　　🔼 スマッシュを打つ瞬間に腰の位置を高く！

パターン ❷

苦しいときこそ笑顔で「勝ちの姿」でプレーする

笑顔には素晴らしい力がある。それはスポーツの世界にも当てはまります。同じ練習やトレーニングでも、「嫌だなあ…」と思ってやるのと、笑顔で元気に楽しくやるのとで、成果は大違いです。

ただ、楽しく元気にやればいいかというと、それだけでは不十分。真価が問われるのは苦しいときです。たとえば、スマホのゲームなど自分の好きなことをやっているとき、あるいは試合で勝っているとき、笑顔になるのは簡単です。試合で勝負がかかった場面、相手にリードされていたり、自分のプレーが出せなくて苦しいとき、笑顔になれるかが肝心です。

ふたば未来学園中では「苦しいときこそ笑顔で」を実践しています。時には「fake smile（偽りの笑顔）」でもいい。まずは表に出す姿を整えれば、内面はそれにならっていきます。緊張して思うようなプレーができないとき、うまくいかないときは、まず笑顔になる。試合本番でそうできるように、普段の練習から笑顔で取り組む、笑顔で努力する。「笑顔になるための訓練」をしています。

また、「勝ちの姿」で練習することも実践しています。チャンピオンやメダリストたちは、うつむいたり、元気のない表情をしたり、愚痴を言ったり…、そんな姿では絶対にない。どの選手たちもいい表情をして、とてもかっこいい姿でいますよね。

気迫にあふれ　集中して
元気よく　笑顔で　全力で戦う

一流プレーヤーの立ち居振る舞いにも強くなるヒントがあります。普段から表情や姿をよくすれば、自然と勝つための力を出せるようになる。楽しそうな笑顔でプレーする人のところに、勝利の女神はやってきます。

▲ 試合本番で笑顔になれば勝利の女神がやってくる。普段の練習から笑顔を心がけよう！

#第3章

実戦型ノック

9メニュー

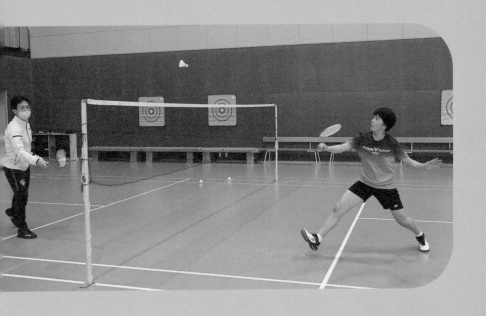

　自分と相手がいて成り立つ対人競技のバドミントン。上達するにつれ、ノック練習にも「実戦に近づける」ことが求められます。ノッカーにもそれなりの技術と経験が必要で、指導者も練習あるのみです。

① ヘアピン→スマッシュ

| 目的 効果 | ヘアピンを打って相手に上げさせてスマッシュ！前後の動きを身につけます。 |

 やり方 | 目安 1セット10～20本

ノッカーは下打ちでネット前にシャトルを出す。練習者がヘアピン→ノッカーがロビング→練習者がスマッシュ。使用エリア（コート半面or全面）やコースの設定は、レベルや目的に合わせる。スマッシュは置かれた的をねらって、力加減もコントロールして打ち込むこと。

※図は一例、「半面、フォア、ストレート」の設定

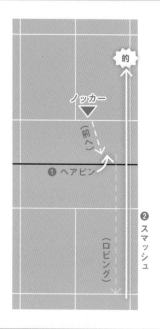

的

ノッカー

（前へ）

❶ ヘアピン

（ロビング）

❷ スマッシュ

☀Point

Point ❶ ノッカーはロビングを打ち分ける

▲ ネット前に出して…

▲ 練習者のヘアピンに合わせてロビング

ノッカーは、練習者のヘアピンがネット際に入ってきたら高く浅いロビング、長めに入ってきたら低く速くなど、試合を想定して打ち分けること。ノッカーの練習でもあり、練習者の判断力を磨くことにもつながります。

PART
1
バドミントンの基礎的動作

PART
2
手投げノック

PART
3
実戦型ノック

PART
4
パターン練習

PART
5
トレーニング

PART
6
お悩み解決!

☀Point

Point ❷ スマッシュのねらいは「40センチ幅」で!

　スマッシュの目標物として、ライン際にシャトルの筒を立てることが多いと思います。ただ、この的から少しそれたらサイドアウト。ミスショットになるリスクがあります。スマッシュは「点」ではなく、「エリア」でねらう。高さ約40センチの筒を横にして、真ん中を打ち抜くことをめざしましょう。外側にそれたらオンライン。内側にそれても十分合格です。　練習者は的をねらって、100、80、60パーセントと、それぞれの力加減でコントロールできるように。ストレートもクロスもしっかり練習してください。

【ストレートスマッシュの的】

◀ シャトルの筒3本を組み合わせた的。「2本の間を通す」という意識で真ん中を打ち抜く!

【クロススマッシュの的】

◀ 角度のあるクロススマッシュは、シャトルの筒を横に置くだけでもOK

2 MENU 実戦型ノック

レシーブ→スマッシュ

| 目的
効果 | レシーブをコントロールしてスマッシュへ。
守りから攻めへ、素早い切り替えが大事です。 |

やり方

| 目安 | 1セット10～20本 |

ノッカーは上打ちでスマッシュ→練習者はネット前にいる前衛にショートレシーブ→前衛がロビング→練習者がスマッシュ。使用エリア（コート半面or全面）やコースの設定は、レベルや目的に合わせる。スマッシュは置かれた的をねらって、力加減もコントロールして打ち込むこと。

※図は一例、「バックレシーブ→フォアからストレートスマッシュ」の設定

ノッカー

前衛

的

（ロビング）

練習者

❶レシーブ

❷スマッシュ

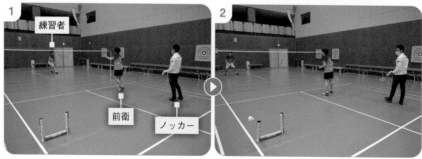

1 練習者／前衛／ノッカー

2

▲ 練習者はショートレシーブをしっかりコントロール。前衛は試合を想定して丁寧にロビング

▲ 的をねらってスマッシュ！

⚡Point

Point ❶ レシーブから素早く攻撃に切り替え！

練習者はレシーブ後、素早く体勢を戻して次のプレーへ。ただし、一直線にスマッシュにいくのではなく、必ず一度センター付近でステップを踏み替えること。常に試合を意識しましょう。

▲ 後ろに下がる　　　　▲ センター付近で切り替　　▲ レシーブしたら、すぐ次へ
　　　　　　　　　　　えてから

⚡Point

Point ❷ ノッカーの上打ちは「トス」が命！

上打ちのノックのコツは、打点が体の前にあること。つまり、トスが大事です。前方に高く投げ上げてテークバックの時間を作り、シャトルをよく見て打ちましょう。

▲ シャトルを前方に高く投げ上げて　　　　　　▲ 体の前で打つ！

PART 1　バドミントンの基礎的動作

PART 2　手投げノック

PART 3　実戦型ノック

PART 4　パターン練習

PART 5　トレーニング

PART 6　お悩み解決！

③ レシーブ→クロスヘアピン

| 目的効果 | レシーブを沈めて攻撃的なクロスヘアピンへ。一瞬のチャンスを見逃さずに！ |

 やり方 | 目安 | 1セット10〜20本

ノッカーは上打ちでスマッシュ→練習者はネット前にショートレシーブ→ノッカーがストレートヘアピンで返球→練習者がクロスヘアピン。素早くネット前に入って攻撃的に決めにいくこと。使用エリア（コート半面or全面）やコースの設定は、レベルや目的に合わせる。

※図は一例、「フォアレシーブ→フォア前からクロスヘアピン」の設定

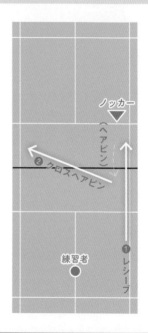

【例❶】フォアレシーブ→フォア前からクロスヘアピン

▲ ノッカーが上打ちでスマッシュ→フォアからショートレシーブ

▲ ノッカーがヘアピンで返球→フォア前からクロスヘアピン

【例❷】 バックレシーブ→バック前からクロスヘアピン

1

ノッカーは上打ちで
サイドライン際にスマッシュ！

2

⟡Point

ネット前に確実に沈めるよう、ショー
トレシーブをコントロール。レシーブ
後はすぐに戻って次のプレーへ！

3

⟡Point

ヒジを上げてネット前へ！ ヘアピンなのかロブなのか、スト
レートなのかクロスなのか、何でも打てる状態で相手の足を止
める。ラケット面を見せてプレッシャーを与えることも重要。

4

⟡Point

「自分が一番安定する位置」から攻撃
的にクロスヘアピン。動作はなるべく
シンプルに、素早くサッと決めにいく！

PART 1 バドミントンの基礎的動作

PART 2 手投げノック

PART 3 実戦型ノック

PART 4 パターン練習

PART 5 トレーニング

PART 6 お悩み解決！

スマッシュ→ヘアピン

目的
効果
**スマッシュからネット前へ！
オーソドックスな攻めパターンを身につけます。**

(((やり方)))　目安　1 セット 10 ～ 20 本

　ノッカーは❶❷❸のいずれかに立ち、オールコートにロビング→練習者はノッカーにスマッシュ→ノッカーはネット前にショートレシーブ→練習者はヘアピン。練習者は必ずノッカーに向けてスマッシュを打つこと。ヘアピンのコースはフリー。

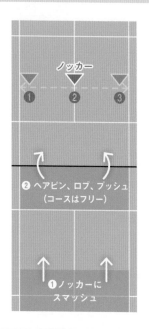

ノッカー

❶ ❷ ❸

❷ ヘアピン、ロブ、プッシュ
（コースはフリー）

❶ノッカーに
スマッシュ

ノッカー

▲ ノッカーに向けてスマッシュ！　力加減を調節しながら正確に打ち込むこと

▲ ヒジを上げてネット前に入ってヘアピン。「自分が一番安定する位置」でとらえて、ショットのバリエーションを増やす

🔦 Point

スマッシュレシーブに変化をつけて判断力を磨く！

ノッカーのスマッシュレシーブは、ネット際に短く落とす、長めに出す、わざと浮かせるなど、変化をつけてください。練習者はさまざまな返球に対して、ヘアピンの打ち方を変えたり、時にはアタックロブやプッシュを打ってもOK。一瞬の判断力を磨きましょう。

❶ ネット際へのリターン

◀ しっかり足を使い、確実にコントロールして次のラリーへ

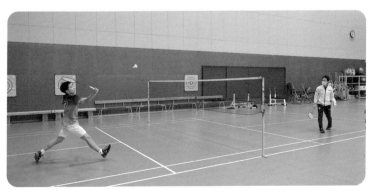

❷ 長めのリターン

◀ 前に突っ込みすぎないように、時には低いアタックロブを打ってもOK！

❸ 浮いたリターン

◀ チャンスと判断したら積極的に、上からとらえてプッシュ！

PART 1 バドミントンの基礎的動作

PART 2 手投げノック

PART 3 実戦型ノック

PART 4 パターン練習

PART 5 トレーニング

PART 6 お悩み解決！

67

5 スマッシュ→ドライブ

目的効果	ダブルスの後衛で多いパターン。攻撃力をアップする練習です。

(((やり方)))

目安 1セット10〜20本

ノッカーは❶❷❸のいずれかに立ち、オールコートにロビング→練習者はノッカーにスマッシュ→ノッカーはドライブレシーブ→練習者はドライブで連続攻撃。練習者は必ずノッカーに向けてスマッシュを打つこと。ドライブのコースはフリー。

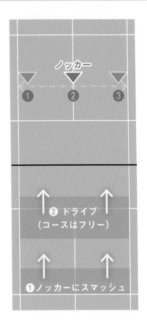

ノッカー

❶ ❷ ❸

❷ ドライブ
（コースはフリー）

❶ ノッカーにスマッシュ

1　ノッカー

2

▲ ノッカーに向けてスマッシュ！　力加減を調節しながら正確に打ち込むこと

▲ ドライブレシーブに対して、前に出てドライブ。攻撃的な姿勢で攻め続ける！

68

PART **1** バドミントンの基礎的動作

PART **2** 手投げノック

PART **3** 実戦型ノック

PART **4** パターン練習

PART **5** トレーニング

PART **6** お悩み解決！

⚡Point

やみくもにドライブではなく、ショートリターンも使う！

ドライブを打つのは無理だと判断した場合、あるいは相手が下がって待っている場合は、ネット前へのショートリターンが有効です。慣れてきたら、ドライブとショートリターンを打ち分けるようにして、ラリー中の判断力も磨いてください。

◀ 高い位置からドライブを打つと見せかけて

◀ ショートリターンに切り替えて

◀ ネット際に短く落とす！

69

6 実戦型ノック

スマッシュ→スマッシュ

| 目的
効果 | 連続して打ち込みながら、
スマッシュの力加減を身につけます。 |

(((やり方))) 目安 1セット10〜20本

ノッカーは❶❷❸のいずれかに立ち、オールコートにロビング→練習者はノッカーにスマッシュ→ノッカーはロングレシーブ（コースはフリー）→練習者はスマッシュで連続攻撃。練習者は必ずノッカーに向けてスマッシュを打つこと。何球目でコースフリーにして決めにいくかは、目的やレベルに合わせて設定する。

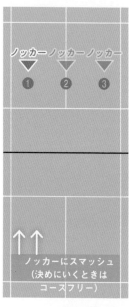

ノッカー ノッカー ノッカー
▽ ❶ ▽ ❷ ▽ ❸

↑↑
ノッカーにスマッシュ
（決めにいくときは
コースフリー）

 ノッカーの位置は一例。右サイド、センター、左サイドと変えてやる。

1

ノッカー

→ フォア奥からノッカーに向けて
クロススマッシュ！

2

← ノッカーがストレートのロング
レシーブで振って

3

← ラウンドからスマッシュ！

PART
1
バドミントンの基礎的動作

PART
2
手投げノック

PART
3
実戦型ノック

PART
4
パターン練習

PART
5
トレーニング

PART
6
お悩み解決！

🔦 Point

フルスマッシュの使いどころを考える！

　スマッシュは、いつも 100 パーセントで打てばいいわけではありません。100 パーセント、80 パーセント、60 パーセントと、どの力加減でも正確に打てることが必要です。自分で意識して打ち分けながら、フルスマッシュの使いどころを見つけてください。

1

▲ 不利な体勢からは無理せず、80パーセントぐらいで打っておいて　▼

2

▲ 浅いリターンを待ってフルスマッシュ！

7 ロビング→レシーブ

| 目的効果 | 自分の出したロビングによって、守りやすさやポジショニングが変わることを学びます。 |

(((やり方)))

| 目安 | 1セット20本 |

前衛にいるノッカーがネット前にシャトルを投げ入れる→練習者がロビング→後衛にいるアタッカーがスマッシュ→練習者がレシーブ。ノッカーが投げ入れるコースは、フォア、バック、ランダムと設定。ロビングとスマッシュは、コースを設定してもランダムでもOK。最後のレシーブはフリー。

アタッカー

ノッカー

❶ ロビング

練習者

❷ レシーブ

▼ 前衛にいるノッカーがネット前に投げ入れたシャトルを、練習者がロビング。コース、高さ、速さなど、ロビングの質によって、後衛のスマッシュが変わることを意識

1

練習者

2

◀ 後衛にいるアタッカーがスマッシュ。練習者はロビングを上げた側に寄って守る

3

◀ しっかり追いついてスマッシュレシーブ

PART 1 バドミントンの基礎的動作

PART 2 手投げノック

PART 3 実戦型ノック

PART 4 パターン練習

PART 5 トレーニング

PART 6 お悩み解決！

🔔 Point

安易なクロスロブは命取り！

　下の写真は、フォア前からクロスに低く速いロビングを出して、ストレートスマッシュを決められたパターン。「ロブを上げた方向に寄る」がポジショニングの基本ですが、フォア前からバック横への移動は遠く、間に合いませんでした。「ロビングの基本はストレート」がよくわかる例です。

 NG パターン

1

◀ フォア前から低く速い軌道のロビング

2

◀ 相手が飛びついてフォア奥からストレートスマッシュ！

3

▶ 追いつけずに決められた…!!

8 ショートリターン→ロビング・クリアー

目的 効果 ショートリターン後の切り替え動作を、特に意識しましょう。

やり方

 目安 1セット20本

後衛にいるノッカーはオールコートに球出し→練習者はすべてショートリターン→前衛は練習者コートの四隅に返球→練習者は前衛からのショットを、すべてロングリターン。自分から最も遠く離れた位置にコントロールすることになるので、時間をかけて練習することが必要。

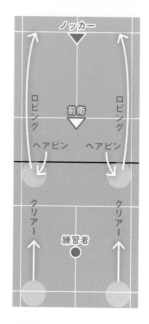

▲ ノッカーにスマッシュを打たれたらショートリターン

▲ 前衛がヘアピンを打ってきたらロビング。前衛がロビングを打ってきたらクリアーで返す

💡Point

センター付近の「きっかけ作りのステップ」から動き出す！

オールコート6方向（フォア前、フォア横、フォア奥、バック前、バック横、バック奥）に素早く動くためには、センター付近での「きっかけ動作」が大事。地面を素早く強く蹴る「きっかけ作りのステップ」から動き出します。

▲ 「きっかけ作りのステップ」を素早く強く

▲ センターではすぐに動き出せるように「パワーポジション（126ページ参照）」の姿勢で

左足はそのまま

前後の動きに備えた構え

◀ ラリー中はシャトルを出した方向に体を向ける。左写真はバック前にショートリターンを打ったあと。ショートリターン後は利き足を前に出すと、前後にスムーズに動くことができる

PART 1 バドミントンの基礎的動作

PART 2 手投げノック

PART 3 実戦型ノック

PART 4 パターン練習

PART 5 トレーニング

PART 6 お悩み解決！

1点アタック

| 目的 効果 | ダブルスの基本となる1カ所に集中させる攻撃、「ワンマン・アタック」の練習です。 |

やり方

| 目安 | 1セット20本程度 |

ノッカーはドライブとロビングでオールコートに球出し＆レシーブ。プレーヤーはすべてノッカーのいる一点に向けて打ち込む。プレーヤー同士でやると、アタックとレシーブの練習になる。

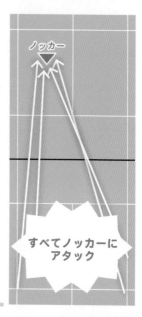

ノッカー

すべてノッカーに
アタック

ノッカーの位置は一例。

ノッカー

1

▲ バックサイドからストレートスマッシュ！

2

▲ センターからドライブ！

3

▲ フォア奥からクロススマッシュ！

💡Point

単に「強いショット」ではなく、「相手コートで浮かないショット」を！

ノッカーへのワンマン・アタックといっても、ただスマッシュやドライブを打ち込めばいいわけではありません。オールコートを動きながら、ドライブやプッシュ、時にはショートリターンも使って OK。「相手コートで浮かないショット」で攻め続けます。スマッシュを打つときは、力加減も意識しましょう。ノッカーも選手であれば、レシーブのバリエーションを増やすことをめざします。

【例❶】
フォアから鋭くクロスドライブ

【例❷】
バックから沈む軌道でドライブ

【例❸】
フォアから飛びつきスマッシュ

【例❹】
センターからプッシュ

PART **1** バドミントンの基礎的動作

PART **2** 手投げノック

PART **3** 実戦型ノック

PART **4** パターン練習

PART **5** トレーニング

PART **6** お悩み解決！

試合は特別な一日ではない
「いつも通り」が力を出し切る土台

大舞台で緊張したり舞い上がったりして、持っている力を発揮できなくなってしまう選手がいます。

そんな選手の多くは、今日は試合だからと、普段やらないことをしたり、いつも口にしないものを食べたり飲んだりして、リズムや体調を狂わせてしまう。それがプレーにつながって歯車が狂う。試合を特別だと思う行動が裏目に出ているのです。大切な日だからこそ、いつも通りのことをするべきです。

試合でいつも以上の力を出そう、120パーセントの力を出そうなんて賭けと同じ。いつもやっている力を出す、100パーセントの力で十分です。時には何かのスイッチで「ゾーン」に入り、120パーセントの力が出ることがあるかもしれません。しかし、自分のイメージを「特別な自分」に持っていくと、「こんなはずじゃないのに…」と思ってしまう。セルフイメージが高すぎると、相手と戦う前に、自分で自分をグチャグチャにしてしまうことになるのです。

たとえば、普段から続けてきていい習慣になったこと。練習ノートを書くことでも、履き物をそろえることでも、何でもいい。大切な試合の日だからこそ、いつもやっていることを当たり前にやる。それが自分の力を出し切るための土台です。2018年、夏の全国中学校バドミントン大会で男女6種目を全制覇したとき、大会初日は試合時間が伸びて夜遅くホテルに戻りました。それでも選手たちは毎日書いてきた練習ノートを、全員がいつも通りに書いて、私の部屋の前に山積みにしていました。

プレーでも生活でも、いつもやってきたことをやる。ただそれだけのことが、自分の力を出し切ることにつながります。そして、自分のやってきたことを信じられれば、試合での勝ちも負けも受け入れる覚悟ができるはずです。

▶2018年夏の全国中学校バドミントン大会で、男女団体、個人単複の計6種目を完全制覇したふたば未来学園中。史上初の快挙は「いつも通り」を積み重ね、自分の力を出し切った結果だった

#第**4**章

パターン練習

22 メニュー

　動きながら打てるようになったら、より実戦に近づくパターン練習です。「動かす側」と「動かされる側」に分かれるメニューもありますが、どちらも実戦を意識すること。みんなで充実した練習にしましょう。

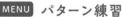
1 低空ドライブ 🔄

| 目的 効果 | 攻めだけでなく守りの要素もあるドライブ。浮かないようにして攻撃に転じます。 |

(((やり方)))

ネットを3分の1に折りたたんで、ネットの下で打ち合うドライブ練習。ディフェンスを意識したスタンスで重心を下げたまま打ち合う。

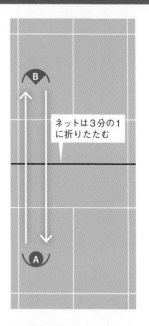

ネットは3分の1に折りたたむ

| 目安 | 例として、❶確実さを磨く＝5分間連続（1分間連続からスタートして増やしていく）❷スピード、タッチを磨く＝5分間で何回できたか❸レベルアップ＝500回を何分で打てたか。時間や回数を設定して、連続して速く打つことをめざす |

ココに注意！

攻めだけではなく、守りの要素もあるドライブ。3分の1に折りたたんだネットの下を通して打ち合うことで、レシーブの低い姿勢が身につきます。上体を少し落として重心は低いまま。シャトルが浮かないように低い軌道で、「ここから攻撃に転じる！」という意識で打ち続けてください。

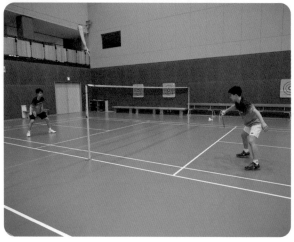

PART
1
バドミントンの基礎的動作

PART
2
手投げノック

PART
3
実戦型ノック

PART
4
パターン練習

PART
5
トレーニング

PART
6
お悩み解決！

💡Point

「シャトルがラケットに当たってから押し込む」感覚をつかむ

　速いテンポで打ち合いますが、勢いだけでパンパン打ち合うのは NG。ラケットに当たって初めて、シャトルに自分の意思を入れられるのです。「ラケットに当たってからどうするか」が大事。丁寧に押し込むことを意識してください。

◀ シャトルがラケットに当たったら

◀ 自分の意思を込めて丁寧に押し込む！

💡Point

リラックスした握り→打つ瞬間にギュッと握る

　24 ページでも紹介したように、構えているときは、親指と人差し指とグリップの間にすき間があるぐらい、ゆるく優しく握ります。打つ瞬間にギュッと握り込んで、シャトルにパワーと自分の意思を伝えましょう。

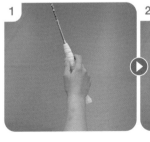

▲【構え】親指と人差し指とグリップの間にすき間がある

▲【打つ瞬間】親指をグリップの広い面に当てて強く握る

4点コントロール

| 目的
効果 | 動く側も動かす側も、
ポジションとコントロールを意識しましょう。 |

(((やり方)))

| 目安 | 10本×4カ所＝40本連続 |

選手Aはオールコートをカバーしなが
ら、コート四隅の決められた1点に返す。
❶に10本→❷に10本→❸に10本→❹に
10本と連続で計40本、コート四隅の4
点（❶❷❸❹）に返す。動かす側の選手
Bは試合中のホームポジションからの動
きを意識しながら、Aをしっかり動かす。

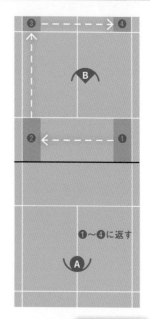

❶〜❹に返す

ココに注意！

　1カ所10本ずつ区切らないで連続
40本は、試合での長いラリーを意識し
ています。オールコートをカバーする選
手Aは、つなぎだけでなく攻撃的なシ
ョットも入れること。しっかり足を使っ
て、正しいフォームを意識してください。
　動かす側の選手Bはポジションとコ
ントロールを意識。相手の足を止める
フェイントショットを入れるなど、自分
の練習でもあることを理解してやりま
しょう。次に入る選手Cがコート後ろ
で本数を数えると、スムーズに進みます。

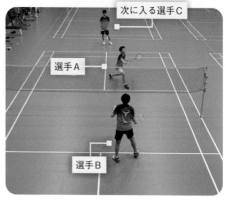

次に入る選手C

選手A

選手B

【❶ 相手のバック前に返す】

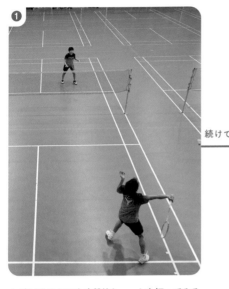

▲ 追い込まれても攻撃的ショットを打ってみる

【❷ 相手のフォア前に返す】

▲ 攻撃的なクロスヘアピンもあり

続けて→

【❸ 相手のフォア奥に返す】

▲ クリアーでしっかり押し込む

続けて→

【❹ 相手のバック奥に返す】

▲ バック前からはしっかりクロスロブ

PART
1
バドミントンの基礎的動作

PART
2
手投げノック

PART
3
実戦型ノック

PART
4
パターン練習

PART
5
トレーニング

PART
6
お悩み解決！

3 MENU パターン練習

1点アタック ⟳

| 目的効果 | アタックとレシーブを交互に続けて、スピードとパワーを強化しながら精度を上げていきます。 |

(((やり方)))

選手Aはオールコートをカバーしながら、❶相手の左サイドに攻め続ける。選手BはレシーブでAを動かす。レシーブは、ロングリターン、ドライブリターン、ショートリターンを図内■色のエリアに出して、選手Aに攻めさせる。

| 目安 | 1カ所20本で攻守交替して(計40本)❶❷❸の3カ所を3～5セット。攻守交替しない場合は、1カ所20本×3カ所を3～5セット |

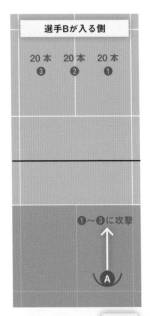

ココに注意!

攻撃側の選手Aはオールコートをカバーしながら、決められた1点(1コース)にアタックし続けます。スマッシュはすべて全力ではなく、緩急をつけるなど質を変えて攻め続けること。カット、ドライブ、ヘアピンなど、攻撃的ショットのコントロールと質を磨きます。

レシーブ側の選手Bは、バック側、センター、フォア側と移動しながら、相手をオールコートに動かします。「レシーブのコントロール練習」です。

【❶ 相手の左サイドにアタック】

▲ ドライブやプッシュも使って攻め続ける！

【❷ 相手のセンターにアタック】

▲ チャンスでは全力でスマッシュ！

【❸ 相手の右サイドにアタック】

▲ 不利な体勢からは、全力ではなく
力を抑えたスマッシュ

PART
1
バドミントンの基礎的動作

PART
2
手投げノック

PART
3
実戦型ノック

PART
4
パターン練習

PART
5
トレーニング

PART
6
お悩み解決！

4 パターン練習

2点コントロール

| 目的
効果 | 打っていいのは対角の2エリア。
ショットを正確にコントロールしてラリーを続けます。 |

(((やり方)))

| 目
安 | 役割を交替して10分ずつ。逆サイドもやる |

選手Aはオールコートを動きながら、選手Bの対角2エリア（図の■色部分）に返す。選手Bは対角の2エリアを動きながら、Aにスマッシュを打ってもOK。逆サイドもやる。制限がある中でラリーすることで、考える力が身につく。また、選手同士で力の差がある場合のシングルス練習としても効果的。

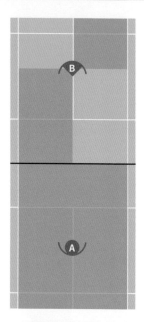

ココに注意！

オールコートから返す選手Aは、いつもは打たないショット、コースに積極的にチャレンジ。プレーのクセをなくしましょう。返すのが「2点」ではなく「2エリア」であることを意識して、ショットの種類、質、コースを考えてください。

2エリアの選手Bは対角（斜め）部分をカバーしながら、Aをしっかり動かします。

▶ 選手Bの使わないエリアにはシャトルの筒など目印を置いておく。選手Aはどこからでも決められたエリアに正確にコントロール！

PART
1
バドミントンの基礎的動作

PART
2
手投げノック

PART
3
実戦型ノック

PART
4
パターン練習

PART
5
トレーニング

PART
6
お悩み解決！

MENU パターン練習

5

2点コントロール・応用

目的 効果	お互いに打っていいエリアを制限される中、頭をフル回転させてラリーを続けます。

))(やり方)((　目安　打っていいエリアを変えながら10分ずつ

お互いのコートを4分割して、打っていいのは対角の2エリア（図の■色部分）のみとする。エリアは自分たちで設定。最初はスマッシュなしで、ラリーが続くようになったらスマッシュを入れる。

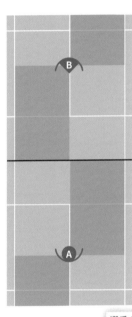

ココに注意！

お互い2エリアずつ、斜めの動きしかできない中で、コート四隅へのコントロールを強く意識。目安となる10分間、なるべく長くラリーを続けてください。いつもは打たないショット、コースもありますが、積極的にチャレンジしながら、考える力を鍛えます。

選手B

選手A

▶ 使わないエリアにはシャトルの筒など目印を置いておく。お互いに制限がある中で、頭を使いながらラリーを続ける！

6 オールショート・センター

| 目的効果 | 角度のつきづらいネット前センターに沈め、そこからの速い展開に慣れておきます。 |

((やり方))

目安 30本で交替して、計60本

選手Aは、すべてネット前のセンターに返す。選手Bはネット前のセンターからオールコートへ、ラケットワークを意識して速い球出しを多めにする。

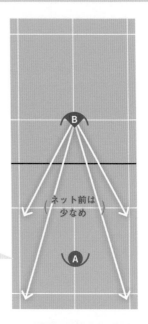

ネット前センターの意義

● **次の返球コースの幅が狭まる**
　（特にロビング）
● **長めのショートリターンにすると、速い展開のラリーを作り出せる**
● **サイドでのミスのリスクを減らせる**

ココに注意！

　動かされる選手Aは、相手から角度の鋭いショットを打たれないように、ネット前のセンターにシャトルを集めます。そこからの速い展開に対応することを意識しましょう。

　動かす選手Bは、ネット前センターからしっかりコントロールしてコート四隅へ。遠くに速く沈めるヘアピンや、アタックロブを積極的に打ってください。

▶ 動かされる選手A（奥）はネットのセンターに集めて、速い展開についていく。動かす選手B（手前）はラケットワークの練習！

PART
1
バドミントンの
基礎的動作

PART
2
手投げノック

PART
3
実戦型ノック

PART
4
パターン練習

PART
5
トレーニング

PART
6
お悩み解決！

💡Point

ネット前センターの選手Bはヒジを上げてネット前へ！

ネット前センターから打つ選手Bはヒジを上げて入り、ラケット面を相手に見せてプレッシャーを与えます。「プッシュか!?」と思わせてロブ、「ストレートか!?」と思わせてクロスと、相手の足を止めます。ラケットを高く上げなくても、面を向けるだけでも十分なプレッシャーになります。

横から

◀ ヒジが上がっていて、プッシュもアタックロブもヘアピンも打てる状態

フォア

バック

▲ ヒジを上げるプラス、ラケット面を見せることで相手にプレッシャーを与える！▲

MENU パターン練習

スマッシュ＆ネット ♻

| 目的 効果 | ネット前の一瞬のチャンスを逃さないために、スマッシュ後の「ネット」が大事です。 |

| やり方 | 目安 | ノック形式で ❶❷❸❹ 各10本＝計40本 |

ノック形式で1本ずつ、ノッカーがオールコートに出すロブをスマッシュ→ショートレシーブをクロスネット。スマッシュのコースは❶右サイド❷左サイド❸センター❹オールコート。❸センターへのスマッシュ後はストレートへアピンかプッシュ。❹のスマッシュ後のヘアピンはフリー。ノッカーからのショートレシーブは、コースを決めるかフリーにするか、目的やレベルに合わせて設定する。

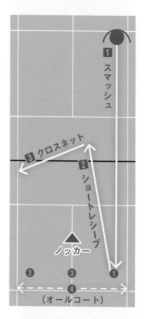

❶スマッシュ
❸クロスネット
❷ショートレシーブ
ノッカー
❷ ❸ ❶
❹
（オールコート）

ココに注意！

ネット前のチャンスは一瞬。スマッシュ＆ネットを確実に決めるために、スマッシュ後、ネット前への入り方が重要です。ラリー形式ではなく1本ずつなのは、ミスをしてもOKという気持ちでチャレンジしてほしいから。「入りが遅かった」「ヒジが上がっていなかった」など、ミスから学んで修正しましょう。ノッカーは見て気づいたことを伝えてください。

ノッカー

▶ スマッシュ＆ネットで大事なのは「ネット」。一瞬のチャンスを確実に決めるため、練習では積極的にチャレンジ！

PART **1** バドミントンの基礎的動作

PART **2** 手投げノック

PART **3** 実戦型ノック

PART **4** パターン練習

PART **5** トレーニング

PART **6** お悩み解決！

Point

ラケット面でプレッシャーを与え、2つ以上の選択肢があるように入る

ネット前にはヒジを上げて入り、相手にラケット面を見せてプレッシャーを与えます。ヒジが上がっていれば、プッシュもヘアピンも打てるし、コースも自由自在。ネット前に入る動きの中で、2つ以上の選択肢があるように準備します。

▲ ヒジを上げてラケット面を見せてプレッシャーを与えて

▲ 相手の足を止めてクロスヘアピン

応用 プッシュと見せかけてネット前！

▲ プッシュの体勢から

▲ シャトルをとらえた瞬間にラケットを止めて

▲ ネット際に落とす

8 リバースカット

目的 効果	シングルスで大きな武器となるリバースカットは、 クロスからもストレートからも打てるように。

(((やり方))) 目安 5分

練習者は❶ラウンドからクロスのリバースカット❷フォアからストレートのリバースカット❸リバース気味にストレートスマッシュ。ノッカーは練習者を❶ラウンドから❷フォアに振り、❸ストレートスマッシュは❹ネット前にストレートリターン。練習者がストレートヘアピンで戻したら、クロスロブでバック奥へ。❶に戻ってくり返す。

▶▶ フォームをチェック!!
ラウンドからクロスのリバースカット

スイングと当て方が独特で難しいショットですが、コツをつかめば打てるようになります。
ジュニアのうちからの練習が大切です。
積極的にチャレンジしてください。

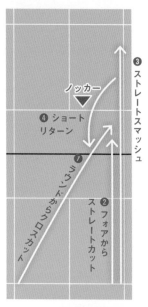

ノッカー
❹ショートリターン
❸ストレートスマッシュ
❶ラウンドからクロスカット
❷フォアからストレートカット

1

◀ 打つ直前までは通常のスイングと同じ

2

◀ 手のひらが外側に向いた状態で

3

◀ 体の中心より利き手側でシャトルをとらえる（シャトルはクロス方向に飛んでいく）

▶▶ フォームをチェック!!
フォアからストレートのリバースカット

リバースカットといえば、ラウンドからのクロスが多く見られますが、
フォアからストレートのリバースカットも有効です。
どちらも打てるように練習しましょう。

▲ 打つ直前までは通常の
スイングと同じ

▲ 手のひらが外側に向いた状態
で、体の中心より利き手側でシ
ャトルをとらえる(シャトルは
ストレート方向に飛んでいく)

▲ ラケットを落とすよう
に振り、打ち終わりでは小
指が上になる

◀ ラケットを落とすように振る

◀ 打ち終わりは小指が上

◀ フォロースルー

PART
1
バドミントンの基礎的動作

PART
2
手投げノック

PART
3
実戦型ノック

PART
4
パターン練習

PART
5
トレーニング

PART
6
お悩み解決!

9 リバースカット・応用

| 目的効果 | リバースカットを打つ側、レシーブ側、どちらも実戦により近い練習です。 |

(((やり方))) 目安 5分

練習者は❶ラウンドからクロスのリバースカット❷フォアからストレートのリバースカット❸スマッシュ（コースはフリー）。ノッカーは練習者を❶ラウンドから❷フォアに振り、❸スマッシュを❹ショートリターン（コースはフリー）。練習者がヘアピン（コースはフリー）で戻して続ける。❶❷のリバースカット以外はコースフリー。練習者もノッカーも、より実戦に近い練習。

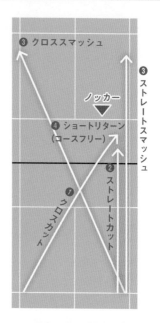

❸ クロススマッシュ

❸ ストレートスマッシュ

ノッカー

❹ ショートリターン（コースフリー）

❷ ストレートカット

❼ クロスカット

ノッカー

▲ ノッカー側はディフェンス練習。リバースカット独特の軌道に慣れながら、ロビングをコントロール

▲ リバースカット後のスマッシュにも、しっかり対応する

PART
1
バドミントンの基礎的動作

PART
2
手投げノック

PART
3
実戦型ノック

PART
4
パターン練習

PART
5
トレーニング

PART
6
お悩み解決！

💡Point

リバースカットの打点は体の前で、体の中心より利き手側

打点は体より前。そして、体の中心より利き手側です。２つのポイントを合わせて意識すると、手のひらを外側にしてスムーズに振れます。

【フォアからストレートへの打点】 **【ラウンドからクロスへの打点】**

💡Point

ヒジを支点にしてラケットを落とすように振る

手のひらが外側を向いた状態でシャトルをとらえたら、ヒジを支点にしてラケットを落とすように振る。打ち終わりでは小指が上になっています。

▲ 打つ直前までは通常のスイングと同じ

▲ ヒジを支点にして（手のひらは外を向いている）

▲ ラケットを落とすように（小指が上になっている）

チャリチャリ

目的 効果	前後がない範囲で打ち合う「チャリチャリ」は、考える力を鍛えるメニューです。

やり方

目安	10分（点数で区切ってもOK）

ショートサービスラインより前、ロングサービスラインより後ろをなくした範囲（図内の■色部分）でフリー。ラリーの中でチャンスを作って点を奪いにいく。

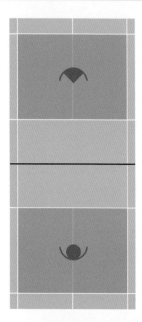

ココに注意！

97ページで説明しますが、「チャリチャリ」のポイントは、相手コートのあいたスペースを見つけること。半面の設定でやると動く範囲が狭くなると同時に、あきスペースがほとんどなくなります。狭い範囲でのラケットワーク、ショットの精度など、ハイレベルな技術が求められる練習です。

選手B

選手A

▶ 点数をつけてゲーム形式でやるのもおすすめ。「どうすれば点を取れるのか」…、頭を使ってラリーを組み立てて勝ちにいく！

▲ 相手の位置をよく見て、どこに出すのがベストなのか考える。前後で「アウト」にならないようにコントロールもしっかりと

「チャリチャリ」って、どういう意味?

　「チャリチャリ」とは、インドネシアの言葉で「見つける」「探す」という意味だそうです。つまり、ラリーの中で、あいているスペースを探すのが目的。ダブルスの速い展開に慣れる練習法と考える方もいるようですが、ふたば未来学園中では1対1で、シングルスの練習としてよくやっています。

　あきスペースを見つけるために、あるいは作り出すために、相手のいる位置によって、どこに打つか考える。試合で勝つためにとても大事な力です。頭を使ってラリーを組み立てながら、得点を奪うことを覚えていきましょう。

▲ チャンスを作り出したときも、「どこに打てば決まるのか」をよく考える。打てる範囲が狭いのでカウンターを食らわないように…!

PART 1 バドミントンの基礎的動作

PART 2 手投げノック

PART 3 実戦型ノック

PART 4 パターン練習

PART 5 トレーニング

PART 6 お悩み解決!

前なしフリー

目的効果 ネット際が使えない設定で、より高いところで
さわるラケットワークを磨きます。

 やり方 **目安** 10分

　ショートサービスラインより前をなく
した範囲（図内■色の部分）でフリー。
ネット際すれすれのショットが使えない
中、「遠くに速く沈めるショット」を積
極的に使ってラリーを制する。

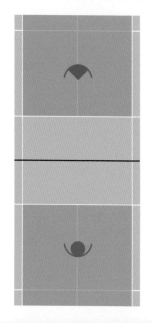

💡Point

ネット前のラケットワークを意識！

　ネット際が使えない状況は、ネット前を強化
するチャンス。より高いところでシャトルをと
らえるラケットワークを磨き、フェイントを入
れるなどして相手を崩します。「相手にプレッ
シャーを与える入り」「自分にとって一番安定
する打点」を使い分けてください。

▲ ヒジを上げてラケット面を見せて、
相手にプレッシャーを与える！

▲ 自分にとって一番安定する打点から、
ヘアピンもロブもコースも打ち分ける

PART 1 バドミントンの基礎的動作

PART 2 手投げノック

PART 3 実戦型ノック

PART 4 パターン練習

PART 5 トレーニング

PART 6 お悩み解決！

MENU パターン練習

12 前なしフリー・クリアーなし

| 目的効果 | クリアーが使えなくなることで、後ろからのショットにも工夫が求められます。 |

(((やり方)))

 目安 10分

ショートサービスラインより前をなくした範囲（図内■色の部分）でフリー。ただし、後ろからクリアーを打つのは禁止。早くシャトルの下に入ること、スマッシュに緩急をつけるなど工夫しながら組み立てる。

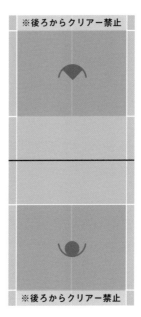

※後ろからクリアー禁止

※後ろからクリアー禁止

ココに注意！

クリアー禁止なので、後ろからは沈めるショットのみ。スマッシュは緩急をつけて打ち分けるなど工夫が必要です。

ロビングを上げる場面では、コースと高さをコントロール。ポジショニングを考えながら、しっかり守ってください。

▶ スマッシュはコースだけでなく、スピードのコントロールも意識。「つなぎ」「チャンスを作る」「決めにいく」と目的を明確に打ち分ける

13 オールショート・センター ＋スマッシュレシーブ

 目的 守備的なラリーの中で、
効果 ネット前にしっかり沈めてチャンスを作ります。

やり方

目安 ABC 3 カ所を 10 分ずつ＝計 30 分

88ページで紹介した「オールショート・センター」にスマッシュレシーブが加わる発展型。守備側Aはネット前に沈めるのはセンターのみ。ロブとクリアーはコースフリーで使ってOK。攻撃側の前衛Bは、ネット前センターからAを動かす。後衛Cはスマッシュ、カット（コースはフリー）で攻める。

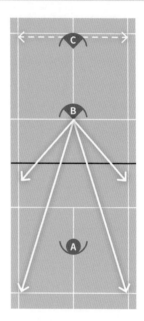

ココに注意！

2対1の練習ですが、動きの少ない2人側にも大事なポイントがあります。前衛は角度のないネット前センターから、コート四隅にしっかりコントロール。速い球出しで相手を振り回すことを覚えます。
　後衛はミスをしないように確実に。相手を崩すコースや緩急を考えながら打ち込んでください。

▶ 前衛と後衛で役割分担をしている2人側は、ミスでラリーを切らないように1人側を追い込む。1人側はしっかりディフェンス！

ポジショニングを意識して守る!

　1人側は速い展開の中でネット前センターに沈めながら、ロビングやクリアーでラリーをリセットすることも考えてください。相手は2人なので、1対1より強いスマッシュを打たれます。苦しまぎれのロブや消極的なクリアーではなく、相手の後ろを有効に使いましょう。そして、守るために重要なのがポジショニング。コート中央ではなく、上げた側にポジションと意識を持っていきます。

▼ フォア奥から　　　　▼ フォア前から　　　　　　　　　▼ バック前から　　　▼ バック奥から
　ストレートクリアー　　ストレートロブ　　　　　　　　　　ストレートロブ　　　ストレートクリアー

右サイドに寄って守る

左サイドに寄って守る

PART 1 バドミントンの基礎的動作

PART 2 手投げノック

PART 3 実戦型ノック

PART 4 パターン練習

PART 5 トレーニング

PART 6 お悩み解決!

14 パターン練習
2点コントロール・2対1 🔄

| 目的効果 | 守備的なラリーの中で、レシーブのコントロール練習。ディフェンス力を高めてチャンスを作ります。 |

(((やり方)))

| 目安 | ABC 3カ所を10分ずつ。逆サイドもやる |

86ページで紹介した「2点コントロール」を2対1で。Aはコート全面を1人で動きながら、相手コートの2エリア（図内■色の部分）に正確に返す。2人側BとCは■色のエリアを1人ずつ担当。より実戦に近いラリーで、負荷の高い練習。

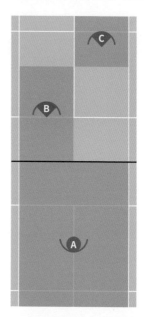

ココに注意！

1対1の2点コントロール（86ページ）より速い展開となり、1人側はディフェンスが中心。スマッシュありの設定にすると、後衛Cが通常のシングルスの試合より速いスマッシュを打ってきます。ポジショニングを意識しながら、レシーブをコントロールしてください。

▶ ディフェンス中心の1人側はポジショニングも大事。自分が上げたサイドに意識を高めて守りきる！

🔆 Point

前衛のPoint

　2人側の前衛Bは、1人側をしっかり鍛える意識を持つこと。フェイントを入れるなど、相手の足を止めるショットを出してください。ネット前の技術として、「シャトルがラケットに当たってから押し込む」という感覚も身につけましょう。

後衛のPoint

　2人側の後衛Cも1人側をしっかり鍛える意識で、ミスなく正確に打ち続けること。スマッシュありの設定になったら積極的に攻撃。すべて全力ではなく緩急やコースなどバリエーションをつけて、しっかり打ち込んでください。

PART 1 バドミントンの基礎的動作

PART 2 手投げノック

PART 3 実戦型ノック

PART 4 パターン練習

PART 5 トレーニング

PART 6 お悩み解決！

15 3本ラリー連続

| 目的 効果 | コート全面を守って持久力をアップさせ、ねばり強さのある選手になりましょう。 |

やり方

目安 10分（BとCは交替しながら）

　3人以上でやる場合、攻撃側は3球ごとに交替しながら。❶攻撃側Bがカットまたはクリアーで相手コートの四隅へ（図はカット）❷守備側Aは相手コート奥へ返す（図はクロスロブ）❸Bがスマッシュ（図はストレートスマッシュ）❹Aがショートレシーブ❺Bがヘアピンまたはロビングを打って、次の選手Cと交替。Aは相手コート奥に返して❶に戻る。

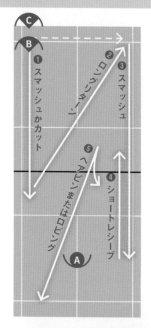

ココに注意！

　守備側はひたすら我慢。10分間動き続けて持久力や脚力を高めながら、確実性も身につけます。
　攻撃側は1本目（図内❶）はコート四隅に正確にコントロール。その後はスマッシュ＆ネットの応用です。スマッシュ後のプレーを磨いてください。

▶ 守備側は10分間ひたすら動いて守りきる。シングルス選手に必要な脚力、持久力、ねばりを身につける

PART **1** バドミントンの基礎的動作

PART **2** 手投げノック

PART **3** 実戦型ノック

PART **4** パターン練習

PART **5** トレーニング

PART **6** お悩み解決！

16 MENU パターン練習

4本ラリー・スマッシュ＆ネット連続

目的 効果 スマッシュ＆ネットの応用で、攻撃力と守備力を高めていきます。

(((やり方))) **目安** 10分（BとCはスマッシュ＆ネットを2回で交替しながら）

　3人以上でやる場合、攻撃側は交替しながら。❶攻撃側Bがスマッシュ（図はストレート）❷守備側Aはショートレシーブ（図はストレート）❸Bがヘアピン（図はクロス）❹Aがロビング（図はストレート）❺Bがスマッシュを打ち（図はストレート）、AからのショートレシーブをBがネット前に戻して、次の選手Cと交替。Aがロビングを上げて❶に戻る。

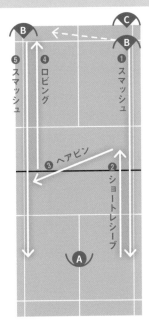

ココに注意！

　守備側はスマッシュレシーブの練習。ロビングのコースによってスマッシュの威力や質が変わること、しっかり準備していれば取れることを実感してください。時には攻撃的にレシーブしてもOK。ラリーの中で判断力も磨きましょう。

　攻撃側はスマッシュ＆ネットのくり返し。ミスを恐れずチャレンジしながら、プレーの質を高めます。

▶ 守備側は自分が上げたロビングのコースによってポジショニングを変える。「しっかり準備していれば大丈夫！」と自信をつけるのも目的

17 スマッシュレシーブ

目的 効果 2対1で攻撃されながら スマッシュレシーブの種類を増やし、質を高めます。

やり方 **目安** ABC 3カ所を10分ずつ

❶攻撃側の後衛Cがスマッシュ（図は
ストレート）❷守備側Aがショートレシ
ーブ（図はクロス）❸攻撃側の前衛Bが
ヘアピンかロビング（図はストレートに
ロビング）❹Aがロビングかクリアー（図
はストレートのロビングに対してストレ
ートクリアー）で後ろに出して❶に戻る。

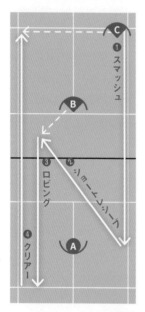

❶ スマッシュ
❷ ショートレシーブ
❸ ロビング
❹ クリアー
C
B
A

ココに注意！

守備側はストレートのロビングとクリアーの有
効性を体感すること。安易にクロスを使うとスト
レートに打ち込まれて、レシーブが間に合いませ
ん。ストレートに打てばホームポジションに真っす
ぐの移動。コート内での動きのロスも抑えられます。

▶ ストレートに上げたサイドをメインに守る。
クロススマッシュは距離が長くなるので、ス
トレートを待っていても対応できる

スマッシュレシーブ3種類を使い分けよう

【❶ フラットに当てて入れる】

▶ 確実に相手コートに返す、一般的なショートレシーブ

【❷ すくって入れる】

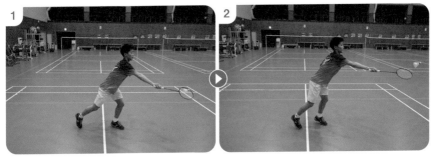

▶ 足を運ぶのが間に合わないときなど、ネット際にふわっと落とす。シングルスで使う

【❸ ラケットを止めて入れる】

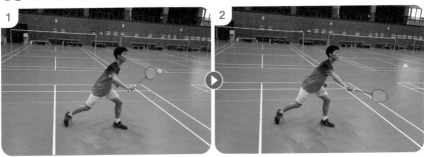

▶ シャトルのスピードを吸収して沈めながら入れる、ダブルスでよく使うレシーブ

PART 1 バドミントンの基礎的動作

PART 2 手投げノック

PART 3 実戦型ノック

PART 4 パターン練習

PART 5 トレーニング

PART 6 お悩み解決！

18 ローテーションアタック ⟳

（ダブルス）

目的 効果 ダブルスで大事なローテーションと、
基本となるワンマン・アタックを練習します。

(((やり方)))

目安 30本×3カ所（相手左サイド、センター、右サイド）

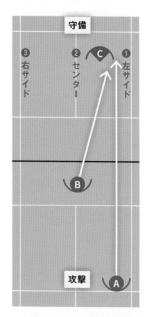

守備

③右サイド　②センター　①左サイド

B

A

攻撃

2対1で、2人側AB（ペアで入るの
が望ましい）はしっかり足を使ってコー
ト全面から攻撃。1人側Cは❶左サイ
ド❷センター❸右サイドと10本ずつ移
動してレシーブ。2人側は決められた位
置❶❷❸に、ローテーションしながら攻
め続ける。

ココに注意！

2人側はローテーションしながら、1人を集中
してねらう「ワンマン・アタック」の練習。どん
なショットを打てば前に入れるのか、決めにい
けるのか。常に1本先、2本先を考えて打つこと。
守る1人側は「ローテーションさせる」意識を持
ちながら、レシーブをコントロールしてください。

▶ 守る1人側はコーチが入って、ローテーショ
ンのコツをつかませることも。2人側はペア
で入って2人で決めにいく形を身につける

PART **1** バドミントンの基礎的動作

PART **2** 手投げノック

PART **3** 実戦型ノック

PART **4** パターン練習

PART **5** トレーニング

PART **6** お悩み解決！

MENU パターン練習

19 ミックス型アタック 🔄
（ダブルス）

目的 効果 サイド・バイ・サイド vs トップ＆バックに固定して、ダブルスの後衛の力を高めます。

))) **やり方** (((**目安** 30本×4カ所（ABCD）

　守備側ABはサイド・バイ・サイド、攻撃側CDはトップ＆バックで、それぞれ位置を固定。ABは後衛Dをレシーブで振り回し、Dはコート内■色の部分を「コ」の字型に動き回って攻撃。また、前衛Cにシャトルをさわらせないで、後衛Dに打たせるよう、ラリーをコントロールする。

攻撃

D

C

B A

守備

ココに注意！

　トップ＆バックの後衛Dはミックスダブルスの後衛のように動き、カバー力と攻撃力を身につけます。しっかり足を使ってください。
　サイド・バイ・サイドのAとBは、前衛Cにつかまらないように後衛Dを振り回すこと。お互い試合本番のつもりで決めにいってOKです。

▶ 後衛は足を使って動きながら攻撃！
前衛は甘いリターンを積極的にたたいて、
「これはダメ！」と守備側にわからせる

20 ダブルスのスマッシュ交互

目的
効果

2対2のスマッシュ交互は、
攻撃と守備の交替をスピーディーに！

(((やり方))) 目安 10分

2対2、お互い全面、コースはフリー
で、スマッシュ交互。❶スマッシュ❷シ
ョートレシーブ❸ロビングで攻守交替し
て❶に戻る。

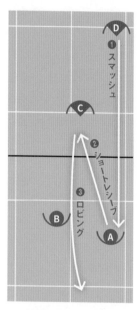

ココに注意！

お互いにローテーションしながら、あいているス
ペース、落としどころを探します。レシーブでは「こ
こに落とせば甘く上がってくる」というところを見
つけて、攻撃に転じる形を作ること。そのためにも、
ポジショニングが大事です。

▶ 1打ごとに攻守が入れ替わ
る中で「落としどころ」を探し、
自分たちに有利な形を作る！

レシーブ側のポジショニングは「二等辺三角形」が基本

ロビングを上げたサイドに寄るのはシングルスと同じ。守る2人と打つ相手の計3人で、二等辺三角形を作ります。「ストレートに寄ってクロス側は少し前め」です。

【相手が左奥（自分から見て右側）から打ってくる場合】

スマッシュ

少し前め

OK

ストレートを警戒するため右サイドに寄る。クロス側の選手は少し前めで、スマッシュを打つ相手を頂点とした二等辺三角形を作る

スマッシュ

少し下がりめ

NG

クロス側の選手がストレート側の選手と並ぶ、または少し下がりめにいると、シャトルをとらえる位置が低くなっていいレシーブができない

PART 1 バドミントンの基礎的動作

PART 2 手投げノック

PART 3 実戦型ノック

PART 4 パターン練習

PART 5 トレーニング

PART 6 お悩み解決！

ハンディキャップゲーム ①
（ダブルス）

目的 効果	２対１のゲームもコートを制限することで、２人側が意外と苦戦します。

 やり方 　目安 21点1ゲーム

２対１で、２人側は全面、１人側は半面でやるゲーム。サーバーの点数が偶数か奇数かによって、１人側の半面を移動する。

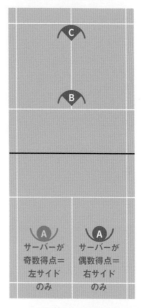

C

B

 A
サーバーが
奇数得点＝
左サイド
のみ

A
サーバーが
偶数得点＝
右サイド
のみ

ココに注意！

　１人側は実戦を意識してクロスを多用しないこと。常に「自分のところに来たらこうしよう」と考えるクセをつけてください。狭い範囲にしか打てない２人側は、「攻めればいいわけじゃない」と気づくはず。頭を使いながら連続して攻める形を作ります。

▶ ２人側に強いペアを入れても意外と苦戦！ 「ワンマン・アタック」を意識して攻めるのがコツ

PART 1 バドミントンの基礎的動作

PART 2 手投げノック

PART 3 実戦型ノック

PART 4 パターン練習

PART 5 トレーニング

PART 6 お悩み解決！

MENU パターン練習

22 ハンディキャップゲーム ②
（ダブルス）

| 目的効果 | 2対2で全面 vs 半面のゲーム。大きなハンディを背負いながら勝ちにいきます。 |

やり方

目安 21点1ゲーム

2対2で、一方は全面、もう一方は半面（トップ＆バック）でやるゲーム。半面はサーバーの点数が偶数か奇数かによって移動する。半面側のサービスレシーブは、ショートサービスを前衛、ロングサービスを後衛が担当する。

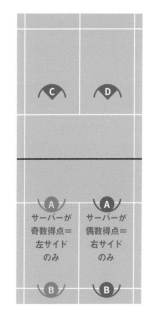

C　D

A
サーバーが
奇数得点＝
左サイド
のみ

A
サーバーが
偶数得点＝
右サイド
のみ

B　B

ココに注意！

トップ＆バックの半面側はノーロブで連続攻撃。スマッシュを打たれたら、基本的に後衛がレシーブです。全面側はレシーブ多めの展開から、我慢して攻めるチャンスを作ること。シャトルを沈めることを意識しましょう。半面へのサービスは、ショートもロングも相手がいる場所に打ちますが、きっちり入れる技術と精神力を養ってください。

▶ トップ＆バックの半面側はとにかく攻める！　全面側はレシーブからチャンスを作って点を奪いにいく！

「チャレンジの心」を持つ
最高・最強のチャレンジャー

試合に向かう選手に望むのは、「自分の持っている力をすべて出し切る」。この一点だけです。自分のできるだけのことをコート上で精いっぱいやりきって、最高の笑顔で閉会式に立つ。選手のそんな姿を見ることが、指導者として一番の幸せです。

「自分の力を出し切る」とは、自分ができる最高のプレーをすること。最高のプレーをするためには、最高の心の状態を作らなければなりません。先輩たちが積み重ねてきた連覇の記録を続けようとか、前に勝った相手だから絶対に負けるなといった思いを向けるのは、選手にとってプレッシャーでしかありません。

最高の心の状態とは、「チャレンジの心である状態」です。おごり、びびり、焦り、プレッシャーといった心の状態では、決していいプレーは出せません。いいプレーをしたいときにまずやることは、いい心の状態を作ること。すべては心から始まります。

中学生にとっての全国中学校バドミントン大会（全中）、高校生のインターハイ、すべての競技者が夢見るオリンピック。それぞれの選手にとって総決算となる大会があります。日本中の選手が、あるいは世界中の選手が挑む、そういった大舞台で力を発揮できる強い選手こそ、真のチャンピオンだと思います。

大舞台で力を出し切るためには、チャレンジャーの心であること。ふたば未来学園中では、ただのチャレンジャーではなく、「最高・最強のチャレンジャー」になることをめざしています。

▶選手をコートに送り出すとき、「自分の持っている力をすべて出し切ること」を願う齋藤監督。いい心の状態を作り、最高・最強のチャレンジャーとして戦う！

#第5章

トレーニング

16メニュー

この章で紹介する【数値目標】は、
ふたば未来学園中学校3年生の選手がこなす数値です。

　　バドミントンの能力を向上させるには、さまざまな体力要素を鍛えるトレーニングが必要です。漠然と「頑張る」ではなく具体的な数値目標を持つことで、モチベーションと成長の証を得られます。

① プロアジリティ

| 目的効果 | 素早く方向転換して動く敏捷性を、ストップ＆ダッシュをくり返して磨きます。 |

(((やり方)))

5メートル間隔でコーンを3個置き、真ん中のAからスタート。コーンの先端にタッチしながらB→C→Aと駆け抜けてタイムを計測。

|目標値|
男子＝4秒97～5秒05
女子＝5秒01～5秒11

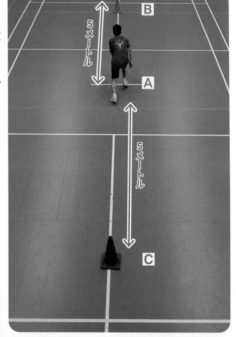

B
5メートル
A
5メートル
C

💡Point

折り返しのとき、体重を前にかけすぎないこと。「タッチ＝次の移動のための重心移動」として、すぐ次の方向へ切り替えます。

▲ 素早く次の方向へ！　　▲ タッチ＝次への重心移動　　▲ 前方に全体重を乗せないように

2 反復横跳び

| 目的
効果 | 両足で蹴って左右に動く敏捷性は、
スマッシュレシーブやダブルスの前衛に必要です。 |

やり方

1メートル間隔で引いた3本
のライン間を、両足で跳んで移動。

┃目標値┃
男子=20秒間で60~64回
女子=同、50~53回

💡Point

ホームポジションにいるように腰を
落としたまま、頭と目線、重心を一定
に。スポーツテストと同じルールなの
で、ラインは踏んでOKです。

1メートル　1メートル

ホームポジションから左右に移動

左へ

右へ

▲ 着地時間は短く!
重心移動を少なくして、すぐ次へ!

PART 1 バドミントンの基礎的動作

PART 2 手投げノック

PART 3 実戦型ノック

PART 4 パターン練習

PART 5 トレーニング

PART 6 お悩み解決!

3 二重跳び 500 回

目的 効果 縄跳びを使うトレーニングは、持久力と肩のインナーマッスル強化につながります。

◀ 連続500回を目標タイム内で跳ぶ。ノーミスをめざして集中力も維持する！

(((やり方)))　縄跳びの二重跳びを連続500回。かかった時間を計測する。

┃目標値┃

男子＝4分16秒〜4分30秒／女子＝4分31秒〜4分45秒

▶ 親指と人差し指の付け根が、縄跳びのグリップにふれないように軽く握る

拡大

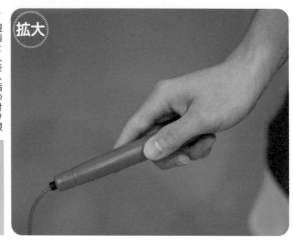

💡Point

縄跳びはラケットと同じように、ゆるく握ります。中指、薬指、小指の3本で支えて、親指と人差し指は添える程度。ギュッと力まず、人差し指でコントロールします。

4 コート間往復走

> | 目的
効果 | ターンでの素早い切り替え動作と全身の持久力を、
同時にアップさせます。 |

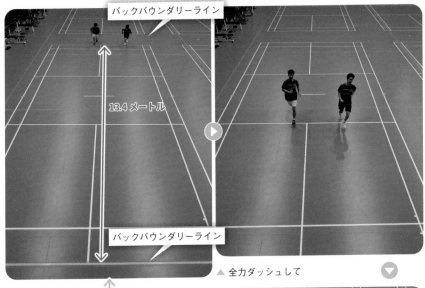

バックバウンダリーライン

13.4 メートル

バックバウンダリーライン

▲ 全力ダッシュして

▲ スタート！

やり方

体力や走力に合わせて、9秒、8秒、7秒で区切って、バドミントンコートのタテ幅（13.4メートル）を往復。

|目標値|
男女とも、55～59本

Point

バックバウンダリーラインで折り返すとき、体重を前にかけすぎないこと。「折り返し＝次の移動のための重心移動」です（116ページ「プロアジリティ」参照）。

▲ 切り返し動作（ポイントは116ページ「プロアジリティ」と同じ）

PART 1 バドミントンの基礎的動作

PART 2 手投げノック

PART 3 実戦型ノック

PART 4 パターン練習

PART 5 トレーニング

PART 6 お悩み解決！

5 サイドラインタッチ・フットワーク

目的・効果 サイドライン間のシンプルな移動の中で、無駄な動作を削っていきます。

サイドラインに置いたイスにラケットでタッチ！

やり方 ダブルスの両サイドラインにイスを置いて、フットワークしながらラケットで10回タッチ。タイムを計測する。

目標値

男子＝11秒～11秒40
女子＝11秒50～11秒90

💡Point

イスにタッチして反対方向に行くとき、後ろ足（右利きの選手は左足）を引きつけるのがポイント。引きつけた足で力強く蹴り出します。

▲ 引きつけた後ろ足で逆方向に蹴り出す！　▲ 後ろ足を引きつけて　▲ イスにタッチして

PART
1
バドミントンの基礎的動作

PART
2
手投げノック

PART
3
実戦型ノック

PART
4
パターン練習

PART
5
トレーニング

PART
6
お悩み解決！

MENU トレーニング

6 三段ジャンプ

| 目的 効果 | 瞬発力と、次のジャンプにつなげる姿勢を作る コーディネーショントレーニングです。 |

((やり方))

ダブルスのサイドライン外から助走なしで両足ジャンプ→片足ジャンプ→逆足で片足ジャンプ→両足着地。女子はシングルスのサイドラインからでOK。

┃目標値┃

男子＝ダブルスのサイドラインを越す
女子＝シングルスのサイドラインを越す

👆Point

ジャンプはすべて全力ではなく、2回目、3回目につなげることを考えて跳びます。空中姿勢、重心の変化をしっかりコントロールしてください。

▲ 2回目のジャンプにつなげる着地から逆方向に蹴り出す！

▲ 次のジャンプに向けて空中姿勢を整えて

▲ 前方に最初のジャンプ

121

7 立ち幅跳び

| 目的効果 | 上半身と下半身を連動させて遠くに跳ぶことは、力強いスマッシュにつながります。 |

▲ 着地！　▲ さらに距離を伸ばして　▲ 空中姿勢を前方に整えながら　▲ 両腕を振り上げながらジャンプ！　▲ 両足同時に踏みきって

やり方

両足同時に強く踏みきって両腕を
振り上げ、できるだけ遠くに跳ぶ。

┃目標値┃
男子＝ 230〜239センチ
女子＝ 190〜199センチ

☀Point

両足を踏みきって飛び出す力と、両腕を斜め上に振り上げるタイミングを合わせます。
このタイミングと重心がずれると、一瞬でパッと飛び出せません。しっかり体重を乗せて、
上半身と下半身の力を連動させる。力を一点に伝えるコツをつかんでください。

8 筒ジャンプ

目的効果	着地からすぐ次のジャンプへのくり返し。筋肉への負荷が高いトレーニングです。

PART 1 バドミントンの基礎的動作

PART 2 手投げノック

PART 3 実戦型ノック

PART 4 パターン練習

PART 5 トレーニング

PART 6 お悩み解決！

やり方

床に立たせたシャトルの筒を、左右に連続、前後に連続して、両足ジャンプで飛び越す。筋肉への負荷が高いので、毎日ではなく間隔をあけてやること。

目標値
男女とも、
左右＝連続 30 回
前後＝連続 10 回

【左右】

▲ 短い接地時間から蹴り出す　　▲ 空中姿勢を安定させて跳ぶ！　　▲ 短い接地時間から蹴り出す

【前後】

▲ 短い接地時間から蹴り出す　　▲ 体が「く」の字にならないように跳ぶ！　　▲ 短い接地時間から蹴り出す

20メートルダッシュ

目的
効果
バドミントンでは、スタート直後からトップスピードに乗る力が必要です。

(((やり方)))

静止した状態からスタートして20メートルを全力ダッシュ。駆け抜けたタイムを計測する。

| 目標値 |
男子＝3秒32〜3秒38
女子＝3秒40〜3秒46

Point

力まず両足に均等に体重を乗せた状態から、両足で蹴ってスタート。すぐトップスピードに乗ります。一度、後ろ足に体重をかけて蹴り出す「二段スタート」は、コートでの対応の遅れにつながるのでNG。前足だけ、後ろ足だけではなく、両足で蹴って出ることを覚えてください。

▲ 20メートルの距離をダッシュ！

▲ すぐトップスピードに乗る！　　▲ 両足同時に蹴り出して　　▲ 力まず両足均等に体重を乗せた状態から

MENU トレーニング

10 コートダッシュ

目的
効果

ターンでスピードを落とさず方向転換。
コートを使って実際の動きに近づけます。

やり方

タテはロングサービスラインから
ショートサービスライン、ヨコはシ
ングルスのサイドラインの四隅に印
をつけて、1周目は四角形、2周目
はX字を入れて、正面を向いたまま
直線的に移動（写真内のコース）。
タイムを計測する。

|目標値|
男子＝9秒31～9秒50
女子＝9秒91～10秒10

1周目

▲ 印と印の間は最短距離となる直線で移動

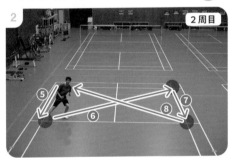

2周目

▲ ターンで加速する

NG

▲ ターンで外にふくらむと移動距離が長くなり、
実際の試合でシャトルに追いつけない原因に！

💡Point

ターンの技術はフットワークの技術。減
速するのではなく、加速のキッカケにする
ように入ります。パッと切り返せず外にふ
くらんでしまうのは時間のロス。スピード
を上げながら、自分の体をコントロールし
てください。

PART 1 バドミントンの基礎的動作

PART 2 手投げノック

PART 3 実戦型ノック

PART 4 パターン練習

PART 5 トレーニング

PART 6 お悩み解決！

11 ステップワークドリル

| 目的 効果 | 最も早く動き出せる「パワーポジション」を体で覚えて維持します。 |

すべての動きの基本となる「パワーポジション」は、自分が一番安定する姿勢。重心は下腹の前後2カ所。

ヘソの下と、その真後ろです。目線は落とさず、向かい合った相手と見合う位置をキープします。

| 目安 | すべて10秒実施→5秒休憩を3セット |

『パワーポジション』

◀ 横から

重心はヘソの下と、その真後ろ。前後2カ所でバランスを取る意識で

重 重

◀ 正面から

目線は真っすぐ。アゴを上げたりしない 下を向いたり

【❶ 左右への移動】

◀ 重心と目線をキープして、ゆっくり右足へ体重移動

⟷

◀ パワーポジション

⟷

◀ 重心と目線をキープして、ゆっくり左足へ体重移動

【❷ タッピングしながら腕振り】 ※タッピング＝小刻みに素早く足踏み

◀ 正面から

足元（下半身）は速く、腕振り（上半身）はゆっくり

◀ 横から

⟷

◀ 重心と目線をキープして、タッピングと腕振りを同時に

【③ 両足タッピング】

正面から

小刻みに素早く両足ジャンプ

▲ 小刻みに素早く両足ジャンプ。パワーポジションのまま強く速く両足で地面を蹴る

横から

▲ 小さく強く一定の高さでジャンプし続ける。目線も一定に

【④ 両足タッピング＋左右に移動】

◀ 両足タッピングから右へ移動

◀ 両足タッピングから左へ移動

【⑤ 両足タッピング＋片足のみ移動】

▲ 左足はそのまま右足だけ外へ。重心と目線は動かさない

▲ パワーポジションで両足タッピング

▲ 右足はそのまま左足だけ外へ。重心と目線は動かさない

PART 1 バドミントンの基礎的動作

PART 2 手投げノック

PART 3 実戦型ノック

PART 4 パターン練習

PART 5 トレーニング

PART 6 お悩み解決！

フットワークドリル

| 目的 効果 | 動き始めと切り返しの動作を強く鋭く！コート内をムダなく動く練習です。 |

| 目安 | すべて20秒を3〜5セット
範囲はタテ＝ショートサービスラインからロングサービスライン、ヨコ＝シングルスのサイドライン |

【❶ ハーフコート・2点（右サイド／左サイド）】

右サイド

左サイド

▲ 右サイドの半面を斜めに移動。ターンを加速するキッカケに！

▲ 左サイドの半面を斜めに移動。短い距離はサイドステップを有効に

【❷ オールコート・V字】

◀ ロングサービスラインとセンターラインを結んだ地点（コート後ろ）からスタートして、オールコートをV字に動く。ターンして外にふくらまないように、直線的な「V」の字を描くこと

【❸ オールコート・逆V字】

◀ ショートサービスラインとセンターラインを結んだ地点（ネット前）からスタートして、オールコートを逆V字に動く。ターンで止まるのではなく、ターンから加速して直線的に次の地点へ

PART
1
バドミントンの
基礎的動作

PART
2
手投げノック

PART
3
実戦型ノック

PART
4
パターン練習

PART
5
トレーニング

PART
6
お悩み解決！

【④ オールコート・四角】

コート内の四隅を四角形に移動。ターンで加速して前後左右を直線的に速く！

▲ ターンで加速して次へ！　　　　　　　　　　　　　　　　　　▲ ターンで加速して次へ！

▲ ターンで加速して次へ！　　　　　　　　　　　　　　　　　　▲ ターンで加速して次へ！

💡Point

　ターンが多くあるドリルで、「ターンをキッカケに加速する」を覚えます。試合中も打って終わりではなく、すぐ次へ。コート内を無駄なく動くために、ターン後にふくらんでしまうのは NG です。
　フットワークは、「絶対こうでなきゃダメ！」というものではありません。パワーポジションからの動き出し、サイドステップ、ランニングフットワーク、3つの要素をうまく組み合わせることが大事です。

13 ジャンプドリル

| 目的効果 | プレー中に多く使われるジャンプ動作を、さまざまな方法で練習します。 |

| 目安 | すべて 10 〜 20 回を 3 〜 5 セット |

【❶ 筒ジャンプ（左右／前後）】

→やり方は123ページに掲載。【目安】左右＝連続30回、前後＝連続10回

【❷ ランジスクワットジャンプ】

3　右足　2　1　左足

◁ ランジの姿勢からジャンプして、前後の足を入れ替えて着地。体の前後2カ所にある重心の位置を崩さないこと。目線は真っすぐ前をキープ

【❸ ランジ片足ジャンプ】

4　右足　3　2　1　右足

◁ 利き足を前にしたランジの姿勢からジャンプして、空中で足を軽くクロスして元に戻る。逆足でもトライ！

【❹ 左右ジャンプ（片足でストップ）】

できるだけ大きく、左右交互に片足ジャンプ。
連続してポンポン跳ばず、一歩ずつ止まってから次へ。
着地で重心を安定させる感覚をつかむ。外側に跳ぶときは、ヒザを高く外側にするのがコツ。

▲ ヒザを高く外側にジャンプ

▲ ヒザを高く外側にジャンプ

▲ 着地で重心を安定させて次へ

▲ 着地で重心を安定させて次へ

▲ ヒザを高く外側にジャンプ

▲ 着地で重心を安定させて次へ

▲ ヒザを高く外側にジャンプ

▲ 重心を安定させて着地

PART
1
バドミントンの基礎的動作

PART
2
手投げノック

PART
3
実戦型ノック

PART
4
パターン練習

PART
5
トレーニング

PART
6
お悩み解決！

14 チューブトレーニング

チューブで少し負荷をかける動きは、試合前のウオーミングアップにおすすめです。

目安 すべて 10 〜 20 回を 3 〜 5 セット

【① 肩周りのインナーマッスル（弱いチューブを使用）】

▼ その1

◀ 手のひらを上向きにしてチューブを握り、ヒジを固定して内から外へ真横に引く

▼ その2

◀ チューブの端を左足で踏み、チューブを握った右手を斜め（対角線）に伸ばす

▼ その3

◀ チューブをポールにくくりつけ、ヒジを固定して外から内へ真横に引く。チューブの握り方は「その1」と同じで逆の動き

【② チューブウオーク（①より少し強めで輪になったチューブを使用）】

▲ 輪になったチューブの中に両足を入れ、体の前後2カ所にある重心を保った「パワーポジション」をキープして真横にカニ歩き。サイドラインからセンターラインぐらいの距離を歩く

【③チューブランジ（①より少し強めで輪になったチューブを使用）】

PART 1 バドミントンの基礎的動作

PART 2 手投げノック

PART 3 実戦型ノック

PART 4 パターン練習

PART 5 トレーニング

PART 6 お悩み解決！

▼ 前後

▲ 輪になったチューブの中に両足を入れ、左足を固定して右足を前後に動かす

▼ 左右

▲ 輪になったチューブの中に両足を入れ、パワーポジションをキープして、
「軽くジャンプして両足を開く→軽くジャンプして両足を少し閉じる」をくり返す

▼ 斜め

▲ 輪になったチューブの中に両足を入れ、両足を斜めにしたスタンスから、
「軽くジャンプして両足を開く→軽くジャンプして両足を少し閉じる」をくり返す

MENU　トレーニング

15　ロープトレーニング

目的
効果
10メートルぐらいの専用ロープを使って、上半身と体幹の筋力を高めます。

目安　すべて10回を2～3セット

太いロープをポールにくぐらせ、体幹と腕の力を使ってしなやかに動かす。

【① 上下・小】

◀ ロープを両手で握って、左右の手を交互に上下に揺らす

【② 左右・小】

◀ ロープを両手で握って、そのまま左右に揺らす

【③ 上下・両手同時】

◀ ロープを両手で握って、両手同時に上下に揺らす

【④ 上下・両手同時ジャンプ】

◀ ③の動きを大きくして、上にいくときジャンプ、下にいくとき着地する

PART
1
バドミントンの基礎的動作

PART
2
手投げノック

PART
3
実戦型ノック

PART
4
パターン練習

PART
5
トレーニング

PART
6
お悩み解決！

MENU トレーニング

16 ダイナミックストレッチ

目的 効果 反動を使って体を動かしながら、股関節の可動域を広げ、柔軟性を高めます。

目安 すべて10回を2セット。
準備運動として毎日やるのがおすすめ

【❶ ヒザ上げ】

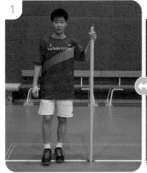

横から

▲▶ バランスを取るためポールにつかまり、ヒザから片足を上げる。ヒザは直角に曲がっていること

【❷ 腰回し】

▲ ❶ヒザ上げの姿勢から真横に回す。ヒザではなく股関節を回すイメージで、股関節の可動域を広げる

▶▶ 136〜137ページに続く
135

【❸ 足振り・前後】

▲ ポールにつかまり、後ろから頭上まで思いきり足を振り上げる。
片足でしっかり立てるように重心の位置も意識する

【❹ 足振り・左右】

▲ ポールにつかまり、真横に足を振り上げる。
こちらも片足でしっかり立てるようなポジションを意識

【❺ 股関節周り】

▼ その1

▲ 両足を広く開いた体勢から重心を下げて
いき、両ヒジで両ヒザを外側に押し広げる

▲ 右足の土踏まず内側（内くるぶしの
真下）と右ヒジがついている

▼ その2

▲ 両足を前後に開いて片足立てヒザになり、前に出ている足と同じ側のヒジを
地面につける。内転筋が伸びていることを意識

▼ その3

▲ 両足を前後に開き、前足と後ろ足ヒザの中間に両手を置く。その体勢から腰
を上に。股関節とお尻が伸びていることを意識

PART
1
バドミントンの
基礎的動作

PART
2
手投げノック

PART
3
実戦型ノック

PART
4
パターン練習

PART
5
トレーニング

PART
6
お悩み解決！

勝ちも負けも受け入れる覚悟
対戦相手やライバルにも敬意を持つ

試合という場に立つまで、いまある環境の中でやれるだけのことをやってきた。あとは本番で全部出し切って、勝ちも負けも受け入れる覚悟を持つ。

ここ一番の大舞台で力を出し切るには、根底にこの覚悟が必要だと思います。「もっと練習を頑張っておけばよかった」「ライバル校はすごい選手と練習できているらしい。いいなぁ」…、こんな気持ちでいる選手は、不完全燃焼で終わることが多いように感じます。

ふたば未来学園中学校の前身となる富岡町立富岡第一中学校は、東日本大震災後の避難先として、猪苗代町立猪苗代中学校として活動した時期がありました。自校体育館もなく、練習は平日に2時間半程度、大会前は夏休みで町内の体育館が4日間しか使えないこともありました。与えられた場所と時間の中、やれることを全力でやった。そんな日々を経て迎えた大会では、自分がやれることをやり、勝ちも負けもすべて受け入れる。ただそれだ

けでした。その覚悟を持ったチームは2018年、「富岡・猪苗代」の名前で戦う最後の年に、全国中学校バドミントン大会史上初の男女6種目全制覇を成し遂げました。

そして、もう一つ大切なこと。それは対戦相手やライバルに敬意を持つことです。自分と同じように、対戦相手も日々頑張って成長しています。勝ったり負けたりするから「勝負」であり、そこがスポーツの楽しさです。「絶対に勝たなければならない」「あの選手に負けるなんて許せない」といった思いでは、最高のパフォーマンスは発揮できません。相手のいいプレーを認めることから、勝つための道筋や作戦が生まれます。

日本では「負けた相手にリベンジする」という表現がよく使われますが、「revenge」は本来、「復讐」「報復」という意味です。負けた仕返しのために頑張るのは、アスリート本来の姿ではありません。お互い最高のプレーを出して競い合うことが、スポーツの本当の楽しさです。

▶ 2018年夏の全国中学校バドミントン大会は、東日本大震災の避難先として受け入れてくれた「猪苗代中」として最後の大会。与えてくれた場への感謝と対戦相手への敬意も忘れず、男女6種目完全制覇を成し遂げた

#第6章

ジュニア選手によくある「お悩み」解決！

5テーマ

　日々の練習や試合を重ねていくうちに、自分の苦手なことが見えてきます。最後の章では、ジュニア選手によく見られる「お悩み」を分析＆解決。自分なりの課題を自主練習でクリアしましょう。

1

クリアーが飛ばない！ 💡

| 目的効果 | バドミントンの基本となるクリアー。しっかり飛ばすためのポイントを3つ紹介します。 |

🔆 Point

❶ 体重移動をしっかり

シャトルの落下点にしっかり入ったら、「1、2、3、4」の足運びで打ちます。

昔からある練習法が、ロングサービスラインとバックバウダリーラインの幅を利用した素振り。体重移動の感覚を身につけてください。

▲ 右足にしっかり乗って　　▲ 左足に乗りながら振って　　▲ 右足で前へ　　▲ 左足を引き寄せる

🔆 Point

❷ 打点は前！

打点は必ず体より前であること。第1章「バドミントンの基礎的動作」で紹介したシャトル投げ（8ページ）でフォームを作り、シャトルを打つ練習では打点を確認しましょう。

▲ 右足に思いきり乗って　　▲ ヒジから出て　　▲ 打点は体の前！

PART 1 バドミントンの基礎的動作

PART 2 手投げノック

PART 3 実戦型ノック

PART 4 パターン練習

PART 5 トレーニング

PART 6 お悩み解決！

💡Point

❸ 打つ瞬間に強く握り込む

パワーに頼って飛ばそうと力むのは NG です。リラックスしてシャトルの落下点に入る→打つ瞬間にギュッと握り込んでシャトルに力を伝える。すべてのショットに通じるポイントです。

▲ ヒジから出て　　▲ 打つ瞬間にギュッ！

▲ シャトルに伝えた力でそのまま前へ　　▲ すぐ次に備える

2 スマッシュのコントロールがつかない！

> | 目的 効果 | ライン際のエースショットはミスと隣り合わせ。まずは安定感を高めましょう。

💡Point

❶「1、2、3」のスマッシュの型を作る

　教え子の桃田賢斗選手（NTT東日本）に、スマッシュはどうやってライン際をねらって打っているのか、聞いたことがあります。答えは、「『1、2、3』のリズムでシャトルに入って、『3』で自分の型になっていなかったら、無理せず内側に確実に入れる。『3』でビシッと入っていれば、自然にライン際にいきます」でした。

　トップ選手でも地道な反復練習をくり返しています。桃田選手は60ページで紹介した「ヘアピン→スマッシュ」をよくやるそうです。試合中のラリーを想定しながら、「自分のスマッシュの型」を作ってください。

▲ ここで打点にしっかり入り、「自分の型」になれればコースを狙う！　　▲ シャトルの下に入って右足に全体重を乗せて　　▲ シャトルを追って…

PART **1** バドミントンの基礎的動作

PART **2** 手投げノック

PART **3** 実戦型ノック

PART **4** パターン練習

PART **5** トレーニング

PART **6** お悩み解決！

💡Point

❷「ハーフスマッシュ」を覚える

　スマッシュを確実に入れたい場面では、80パーセント、60パーセントの力で打つハーフスマッシュを使います。コツはラケットを大きく振り抜かず、小さく鋭く振ってパッと戻すこと。100パーセントで打つフルスマッシュとは別のショットと考えて、単独で練習して身につけましょう。

▲ テークバックから　　　　▲ 小さく鋭く振って　　　　▲ パッと戻す

💡Point

❸「ラインの内側20センチ」にコントロール

　フルスマッシュとハーフスマッシュ、ねらう位置は写真のとおりです。いきなりオンラインをねらうとアウトになる確率が高いので、高さ約40センチのシャトルの筒を横にして、真ん中を打ち抜くことから。ラインの内側20センチをねらって、打ち分ける技術を身につけていきましょう。

横から

フルスマッシュの的

ハーフスマッシュの的

▲ ハーフスマッシュはフルスマッシュより浅め。どちらも筒の真ん中にシャトルを2〜3個重ねて置き、コルクを打ち抜くイメージで。

▲ 最初は的を一つにして、フルスマッシュとハーフスマッシュそれぞれ単独で練習。筒の真ん中が「ラインの内側20センチ」となる

143

3 前のシャトルを返すのが苦手！

目的効果

前のシャトルに遅れる解決策として、
構えと動き出しの動作を見直します。

💡Point

❶ 落とした方向に利き足を出して構える

自分がシャトルを落とした方向に利き足を出して構えます。スムーズに動くために、スタンスの基本を見直してみましょう。

フォア前

▶ フォア前に利き足（右足）を出して構える

▲ フォア前にショートレシーブ

▲ 最後の1歩でスピードをゼロにして、リラックスした状態で打つ

💡Point

❷ 最後の1歩でスピードをゼロにする

最後の1歩はシャトルを打つために止まる足。体がリラックスした状態でシャトルをとらえたら、すぐ戻る動作に入ります。勢いよく突っ込むのは NG です。

▶ バック前にショー
トレシーブ

バック前

PART
1
バドミントンの
基礎的動作

PART
2
手投げノック

PART
3
実戦型ノック

PART
4
パターン練習

PART
5
トレーニング

PART
6
お悩み解決！

💡Point

❸ 素早いステップと
フットワークを組み合わせる

　コート前面では相手が沈めてくるショットに対
応するので、素早い動きが必要です。そのために
は、まずポジショニングと準備が大切。そのうえ
で、素早いステップとフットワークをうまく組み
合わせると、スムーズな動きにつながります。

▶ バック前に利き足
（右足）を出して構える

▶ 最後の1歩でスピードをゼロに
して、リラックスした状態で打つ

💡Point

❹ 最初は強く鋭く→スピードを
落として最後の1歩で止まる

　フットワークの流れは、「最初の1～2歩目で
強く鋭く蹴り出す→徐々にスピードを落とす→最
後の1歩で止まる→打球後はすぐ戻る」。動き出
す1～2歩目と、止まるための最後の1歩は、まっ
たく違う動作。違いを意識して練習しましょう。

❺ 動き出し（キッカケ動作）は小さく速く＆強く鋭く

　フットワークは、動き出しの1歩目、2歩目を強く鋭く！　特に、構えから小さく速く「キッカケ動作」を入れて動き出すことが大事。前だけでなく、横や後ろへも同じです。

【❶ フォア奥へ】

▲ 強く鋭くフォア奥へ！　　　▲ 小さく速くキッカケ動作　　　▲ 構え
　　　　　　　　　　　　　　　　　　　　　　　　　　　　　　（パワーポジション）

【❷ フォア横へ】

▲ 強く鋭くフォア横へ！　　　▲ 小さく速くキッカケ動作　　　▲ 構え
　　　　　　　　　　　　　　　　　　　　　　　　　　　　　　（パワーポジション）

【❸ フォア前へ】

▲ 強く鋭くフォア前へ！　　　▲ 小さく速くキッカケ動作　　　▲ 構え（パワーポジション）

PART
1
バ
ド
ミ
ン
ト
ン
の
基
礎
的
動
作

PART
2
手
投
げ
ノ
ッ
ク

PART
3
実
戦
型
ノ
ッ
ク

PART
4
パ
タ
ー
ン
練
習

PART
5
ト
レ
ー
ニ
ン
グ

PART
6
お
悩
み
解
決
！

※構えでは、タッピングか両足タッピング（126ページ参照）を入れています。どちらを使うかは人それぞれ、場面によっても違います。両方使えるように練習しておきましょう。

【④ バック奥へ】

▲ 構え　　　　　　　　　▲ 小さく速くキッカケ動作　　　▲ 強く鋭くバック奥へ！
（パワーポジション）

【⑤ バック横へ】

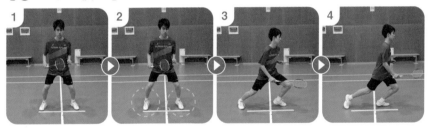

▲ 構え　　　　　　　　　▲ 小さく速くキッカケ動作　　　▲ 強く鋭くバック横へ！
（パワーポジション）

【⑥ バック前へ】

▲ 構え（パワーポジション）　▲ 小さく速くキッカケ動作　　▲ 強く鋭くバック前へ！

MENU 4 お悩み解決！

ヘアピンがうまくなりたい！

> **目的 効果**　ヘアピンは無理にスピンをかけようとせず、シンプルな動作を身につけて確実に入れます。

▲ コート真ん中付近からフットワークを使って、手投げでヘアピン！　自分側にシャトルの山の頂点がある理想の軌道と、試合中のラリーをイメージすること

⛳Point

❶ 手投げで理想の軌道をイメージする

理想の軌道は、シャトルの山の頂点が自分側にあること。まずは手投げで、理想の軌道のイメージをつかみます。自分の手でできないことを、ラケットでできるわけがありません。

▲ シャトルに回転をかけようと大きく横に振るのはミスの原因！

▲「自分が一番安定して打てる位置」でとらえたら、シンプルな動作でシャトルを運ぶ

⛳Point

❷ 無理に回転をかけずにコントロール

もともと不安定なシャトルは、ラケット面にふれれば自然と転がります。「自分が一番安定して打てる位置」でとらえて、しっかりコントロールしてください。無理に回転をかけようと横に大振りするのは NG です。

PART
1
バドミントンの基礎的動作

PART
2
手投げノック

PART
3
実戦型ノック

PART
4
パターン練習

PART
5
トレーニング

PART
6
お悩み解決！

☀Point

❸ ヒジを上げて小さくシンプルな動作で！

　❷でお伝えしたように、シャトルはもともと不安定。ラケット面の角度をちょっと変えれば、十分に回転がかかります。小さく優しく、ボールをなでるように、シャトルを優しく抑えるイメージです。ヒジを上げた状態で、シンプルな動作をめざしましょう。

▼ 外側から内側へ切る

▲ ヒジを上げた状態でシャトルをとらえて　　▲ ラケットを外側から内側へ。
　　　　　　　　　　　　　　　　　　　　　わずかな動作で OK！

▼ 内側から外側へ切る

▲ ヒジを上げた状態でシャトルをとらえて　　▲ ラケットを内側から外側へ。
　　　　　　　　　　　　　　　　　　　　　わずかな動作で OK！

5 バックハンドが苦手！

目的効果	苦手を克服したいバックハンド。コツをつかめば**ハイバック**も打てるようになります。

💡Point

❶ グリップをチェック

バックハンドはグリップワークが大事。小指と薬指はラケットを支える指、中指、人差し指、親指はコントロールする指です。

親指と人差し指の間にすき間ができるぐらいゆるく握り、打つ瞬間にギュッと握り込む。親指をグリップの細い部分に当てると、手首を自由に動かすことができます。広い部分に当てるのは短く強く返すときです。

▼ グリップの細い部分に親指（手首を自由に動かせる）

◀ 親指を細い部分に当てて、人差し指との間にすき間ができるぐらいゆるく握る

◀ 打つ瞬間にギュッと握り込む

▼ グリップの広い部分に親指（短く強く返すとき）

◀ 親指と人差し指の間にすき間があるぐらいゆるく握る

◀ 打つ瞬間にギュッと握り込んで真っすぐ押し出す。ここで外に返さないこと

【練習方法】ラケット回し

▲ 手のひらの中でラケットをクルクル回す。小指と薬指で支えて、中指、人差し指、親指でコントロール。ゆるく握っていないとうまく回らない！

▼ シャフトでラケット回し

▲ 細いシャフト部分を握るラケット回しにもチャレンジ！

PART
①
バドミントンの
基礎的動作

PART
②
手投げノック

PART
③
実戦型ノック

PART
④
パターン練習

PART
⑤
トレーニング

PART
⑥
お悩み解決！

⚡Point

❷ バックハンドの
基本動作「1、2、3、4」

バドミントンの基本動作は写真の4つに分けられます。一つひとつを丁寧にやりましょう。

▶ 打点となる位置に
ラケットを出す

▶ 小さくテーク
バックして

▶ ヒジを回外しながら
シャトルを押し出す

▶ 1の位置から大きく
外さないようコンパクト
にフォロースルー

🔅Point

❸ ハイバックのグリップをチェック

ハイバックのグリップは、親指の位置をグリップの細い部分にするのがポイント。力まずゆるく握っておくのは、通常のバックハンドと同じです。

正面から

横から

▲ グリップと手のひらの親指側は、すき間ができるぐらいゆるく握る

▲ グリップの細い部分に親指が完全に乗っている

🔅Point

❹ ハイバックの基本動作「1、2、3、4」

ハイバックの打点は体の横。ヒジを高い位置に保ち、打つ瞬間に力を集中させて「パン！」と弾きます。足を踏み込むタイミングは打つのと同時で OK です。

4	3	2	1
▲ 大振りせずコンパクトにスイングしてフォロースルー	▲ ヒジを回外しながらインパクトの瞬間に力を集中して「パン！」と弾く	▲ ヒジの高さを保ってテークバックして1の打点でとらえる	▲ 打点となる位置にラケットを出す

PART
1
バドミントンの基礎的動作

PART
2
手投げノック

PART
3
実戦型ノック

PART
4
パターン練習

PART
5
トレーニング

PART
6
お悩み解決！

▼ クロスカットにチャレンジ！

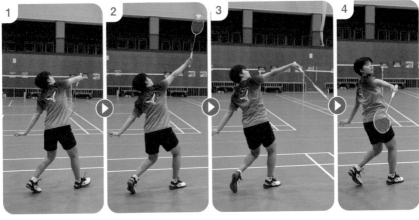

| ▲ テークバックして | ▲ シャトルをとらえて | ▲ 手首を返す | ▲ 手のひらが
相手コートを向く |

▼ リバースのストレートカットにチャレンジ！

| ▲ テークバックして | ▲ シャトルをとらえて「前に押し出す」
「ラケットを上から落とす」イメージで | ▲ 小さくフォロースルー |

メンタルを強くする⑥

スポーツは楽しむもの
明るく、楽しく、全力で

ふたば未来学園中の練習を見学された方に、「みんな笑顔で楽しそうにやっていますね!」と驚かれることがあります。指導者の私にとって、最高の褒め言葉です。

指導を始めた当初は、自分が経験してきたことや当時の強豪校を真似していました。一糸乱れぬ整列や集合、指導者の指示には「ハイ!」と肯定の返事、練習中は「ファイト!」の声出し。見ていて気持ちがいいけど、指導者に怯え、言われたこと以上はやろうとしない。指導者が納得する姿での練習が優先されていました。

無理せずチャレンジせず、言われたことを毎日こなす。そんな選手たちは大事な試合で力を発揮できなかったり、「絶対に負けられない!」と悲壮感を背負ってプレーして

いました。力のある選手がいるのに勝ちきれないチーム。そこには、指導者が決めた練習をやって、試合でそれを出す。そうできるのがいい選手だという、私の思いがありました。でも、試合では予期せぬことが起きます。決められたレールの上だけを歩んできた選手たちは、それに対応できない。「厳しく、無理やり」練習させたツケが出ていたのです。

変わったキッカケは、2012年ロンドン五輪でした。期待されていた男子柔道は金メダルなし。鬼気迫る緊張感の中で敗れていく選手たちは、自分の教え子が負けたときと同じ表情をしていました。一方、体操男子個人総合で金メダルを獲得した内村航平選

手。イキイキした姿と最高の笑顔から、純粋に体操を楽しんでいることが伝わってきます。「これだ！」と思いました。

スポーツは楽しむものであり、勝負を挑んで苦しむものではない。勝ちもあれば負けもある。自分の全力を出し切ってこそ、学びの経験となり成長につながる。まず、試合で純粋に全力を出し切ることから始めよう。

そのために、どうするか。

苦しみながらやるより、楽しみながらやるほうが力を出せるだろう。「厳しくガッツリ」より、「明るくのびのび」のほうがいいだろう…。さまざまな選択肢を試しながらチーム作りをして、現在のモットー「明るく、楽しく、全力で」ができあがりました。

「明るく、楽しく、全力で」やるには選手の自主性が必要です。練習して強くなるのは自分。自分から強くなりたいと思い、全力で練習に取り組むことで強くなれるのです。とはいえ、中学生ですから、「明るく、楽しく、適当に」となって、「厳しく、無理やり、全力で」やらせることもあります。大事なのは、選手が毎日の練習に全力を尽くすこと。才能を秘めた選手たちの一日を、適当に過ごさせるわけにいきません。トップ選手として過ごす時間は10年程度。成功するためには、毎日の練習に全力で取り組まなければなりません。

そして、バドミントンは、陸上や水泳でタイムが縮まったとか、体操競技で新しい技ができるようになったとか、明確な成長が見えづらいもの。選手のモチベーションを維持するためにも、楽しさは大事な要素だと思います。

明るく、楽しく、全力で。

いまを全力で生きることを、選手も指導者の方も大事にしてください。

おわりに

基礎的な動作やトレーニング、ノック、パターン練習と、70に及ぶメニューを紹介してきました。

全体練習で見つかった課題をクリアするために、自主練習は必要です。自分が苦手な部分を見て見ぬふりせずに解決する。そのための一つとして、この本を使っていただけたら、本当にうれしく思います。

ただし、いいメニューが見つかったとしても、継続しないことには身につきません。「やってみる」は、とても大事だけど簡単です。そこに「継続する」を加えて自分のものにする。本当に自分の力になるまで続けられることは、大きな才能です。

また、どんなにいい練習でも、どんなに素晴らしい指導者がついていても、誰かにやらされる練習に効果はありません。「自主練習」とは、自分からやるという気持ちがあってこそだと思います。

今日はこれができた。やり抜けた。

でも、なぜ、あれができなかったんだろう。次は、どう取り組めばいいのかな。

そんな試行錯誤をくり返すことで、どんどん質の高い練習になっていきます。

　強くなるためのコツはシンプルです。

　自分からやる気を持つこと。強くなると
いう思いを自分から持つこと。

　そのために、どうせやるなら楽しくやる。
楽しいから笑顔になる。笑顔でやるから
上達する。上達するからますます努力す
る。こうなったら最高ですね。ワクワクす
るような楽しい気持ちで練習や試合がで
きたら、おのずと強くなるでしょう。

　これが、チャンピオンになるための最
高のサイクルです。

　この本で紹介した練習は、いままで見
たこともないとか、難しくてとてもできな
いといったメニューではありません。強豪
校といえども、やっている練習は単純で

地道なメニューのくり返し。どんな練習を
するかより、その練習にどう取り組むかが
大事なのです。

　強くなりたいと自分から思い、自分から
全力で練習に取り組む。そんな思いを持
った選手たちが強くなっていきます。

　一日一日の練習に、「明るく、楽しく、
全力で」取り組み、何よりもバドミントン
が大好きな人が増えていくことを、心から
願っています。

福島県立ふたば未来学園中学校

バドミントン部監督

齋藤 亘

*【米山稔賞】… 公益財団法人ヨネックススポーツ振興財団が、青少年スポーツ振興に関して貢献のあった個人および団体を表彰している。

● 著者プロフィール

齋藤 亘 さいとう・わたる

▼1972年生まれ、福島県出身。福島県立原町高校→日本体育大学。全日本総合選手権出場経験を持ち、卒業後は教員として出身地である福島へ。

▼2006年より、福島県立ふたば未来学園中学校の前身となる富岡町立富岡第一中学校に赴任。情熱あふれる指導で全国屈指の強豪校へと育て上げ、日本代表の桃田賢斗、渡辺勇大、東野有紗、世界トップレベルで戦う選手を多数輩出。全国中学校バドミントン大会では2019年までに、男子団体優勝7回、女子団体優勝9回。個人戦優勝は男女単複で計23を数える（2020年は大会中止）。

▼2019年、前年度の功績に対して、平成30年度（2018年度）米山稔賞*を受賞。プレーヤーとしては、全日本総合選手権出場のほか、全日本教職員選手権男子シングルス優勝、東北総合選手権男子シングルス優勝、国体出場などの実績あり。

● 撮影協力
左より、
松川健大（ふたば未来学園中３年）
石岡空来（ふたば未来学園高１年）

福島県立ふたば未来学園中学校
バドミントン部

デザイン／黄川田洋志、井上菜奈美、中田茉佑、有本亜寿実（ライトハウス）
編　　集／平田美穂
写　　真／菅原淳、BBM

ライバルに差をつけろ！
自主練習シリーズ

バドミントン

2021年7月31日　第1版第1刷発行
2023年1月31日　第1版第2刷発行

著　　者／齋藤亘

発　行　人／池田哲雄
発　行　所／株式会社ベースボール・マガジン社
　　　　　　〒103-8482　東京都中央区日本橋浜町2-61-9 TIE 浜町ビル
　　　　　　電話　　　03-5643-3930（販売部）
　　　　　　　　　　　03-5643-3885（出版部）
　　　　　　振替口座　00180-6-46620
　　　　　　https://www.bbm-japan.com/
印刷・製本／広研印刷株式会社